Fachbücher für Judo · BAND III

Die JUDO Bodentechnik

KATAME-WAZA

von Dr. Wolfgang Weinmann 6. Dan (DDK)

mit 143 Fotos von N. Drohsel
und anderen Fotografen
sowie 22 Zeichnungen und schematischen
Darstellungen

24. Auflage
1992

VERLAG WEINMANN — BERLIN

Die Deutsche Bibliothek - CIP-Einheitsaufnahme

Weinmann, Wolfgang:
Die Judo-Bodentechnik Katame-Waza / von
Wolfgang Weinmann. Mit 143 Fotos von N. Drohsel
u.a. Fotogr. — 24. Aufl. — Berlin : Weinmann, 1992.
(Fachbücher für Judo ; Bd. 3)
Bis 19. Aufl. u. d. T.: Weinmann, Wolfgang:
Katame-Waza
ISBN 3-87892-002-4
NE: GT

Satz und Druck: Hildebrand

Inhaltsverzeichnis

Die Judo-Grifftechnik (Katame-waza) wird heute meist mit **Bodentechnik** (japanisch = Ne-waza) bezeichnet. Man versteht darunter alle Nichtwurftechniken, die im Judokampf erlaubt sind, d.h. auch Würge- und Hebeltechniken im Stand und bei Übergängen von stehender zu liegender Position.

Die Judowurftechnik ist besonders in den letzten Jahrzehnten technisch ausgereift. Die Fortschritte in der Bodentechnik sind dagegen bescheidener. Das mag daran liegen, daß viele Kämpfer den effektvolleren Standkampf vorziehen, obgleich auch der Bodenkampf eine Demonstration echten Judogeistes ist und der leichtere und schwächere Kämpfer gerade hier erhebliche Chancen hat, ein Kraft- oder Gewichtsdefizit durch Behendigkeit und Technik auszugleichen.

Über die Systematik der Bodentechnik und deren Nomenklatur herrscht noch immer einige Unsicherheit.

Die früher übliche, aus Frankreich importierte Aneinanderreihung von regulären Bodengriffbezeichnungen und Spitznamen für Variationen (Kawaishi-System) wies wenig Systematik auf. Der Schüler sollte zur "Vereinfachung" nur die Reihenfolge der Techniken kennen (z.B. "fünfter Würgegriff"). Eine nicht sonderlich tiefschürfende deutsche Übersetzung dieser Namen machte die babylonische Sprachverwirrung noch größer. Beispielsweise wurde die Technik Hara-gatame (Bauchhebel) im Kawaishi-Buch unglücklich gezeichnet und mit "Bankstreckhebel" übersetzt. Dadurch wurde Hara-gatame als wenig sinnvolles "Arm-auf-den-Arm-des-Gegners-drücken" gelehrt und dies prompt von diversen Lehrern und Buchautoren nach dem Schneeball-system weiterverbreitet.

Der japanische Judovater Mifune war der Meinung, daß man im Bodenkampf mit zwei Armhebelnamen auskommt.

Der als "Opa" Schutte bekannte holländische "Bodenphilosoph", demonstrierte seine imponierenden Techniken teilweise mit eigenen Namen.

Diverse japanische Reisende in Sachen Bodenkampf propagierten jeweils ihre eigenen häufig wirksamen, aber selten systemati-schen Auffassungen und schüttelten bei Vorlage der "offiziellen" (japanischen!) Bodentechnik-Namen durch brave Schüler nur traurig die Köpfe und kommentierten: ...deutsche jap. Namen - verstehe nix!

Die Beherrschung der Bodengriffbezeichnungen schien zeitweise nur durch stures Auswendiglernen möglich, weil sich ein sinnvoller Zusammenhang vielfach nicht mehr erkennen ließ. Erfolgreiche Bodenkämmpfer drückten ihren Gegnern tatkräftig die Hälse zu und scherten sich wenig um Namen und Systematik.

Dadurch wurde der Bodenkampf von "Judo-Ästheten" zu Unrecht als Domäne für Kraftprotze und Blumenkohlohren-Besitzer abqualifiziert. Andere mehr um "Anmut" bemühte Kameraden legten dagegen besonderen Wert auf "schöne Techniken", ohne sich über deren Wirksamkeit im Kampf Gedanken zu machen.

Das Deutsche Dan-Kollegium hat sich inzwischen um eine Systematisierung und Vereinfachung der Namen bemüht. Dieses Buch folgt prinzipiell diesen Ergebnissen, die zweifellos erhebliche Klarheit brachten.

Manche deutsche Techniknamen sind allerdings nach wie vor unbrauchbar und werden daher in diesem Buch nicht erwähnt.

Mit dem Vorschlag einiger Judolehrer, die Judoka sollten überhaupt keine Techniknamen mehr lernen bzw. verwenden, kommt man natürlich auch nicht weiter, denn wie soll der Anfänger sich mit Partnern und Lehrern verständigen, wenn keine einheitlichen Bezeichnungen für die erlernten Techniken bestehen.

In diesem Buch wurde versucht, eine Basis für ein besseres Verständnis der Bodenkampftechnik zu schaffen. Die Techniken gliedern sich in die drei bekannten Gebiete: Halte-, Würge- und Hebeltechnik. Jedes Gebiet wird in mehrere Gruppen unterteilt, die jeweils nach einer Leittechnik bezeichnet werden. Das Verständnis für diese Gruppenbezeichnungen wird durch Definitionen erleichtert.

Die systematische Einordnung der Bodenkampftechniken ist - ähnliches findet man auch bei anderen "Systematiken" - nicht immer eindeutig. Die Technik Sankaku-jime z.B. wird ohne

Benutzung von Ukes Judogi **und** mit Hilfe von Toris Beinen ausgeführt und entspricht damit definitionsgemäß sowohl der Gruppe **Hadaka-jime** als der Gruppe **Ashi-jime.** Solche Beispiele sind andererseits kein Grund auf eine das Verständnis für unterschiedliche Prinzipien fördernde Systematik zu verzichten. Sie sollten jedoch allzu eifrige Lehrer und Schüler vor Dogmatismus bewahren.

Die Namen der Techniken wurden, soweit möglich, vereinfacht. Die alte Bezeichnung "Ude-hishigi-juji-gatame" z. B. lautet jetzt nur noch "Juji-gatame", denn es erübrigt sich, den Zusatz Ude-hishigi (= Armstreck-) bei jeder einzelnen Hebelbezeichnungen zu wiederholen. Früher übliche alte Bezeichnungen werden jedoch soweit nötig, erwähnt, um jedermann ein Zurechtfinden zu erleichtern.

Bein- und Fußhebel (Ashi-hishigi-gatame) sowie Handgelenk- und Fingerhebel, die auch heute noch als Selbstverteidigungstechniken gelehrt werden (siehe **DAS JU-JUTSU BREVIER,** erschienen im gleichen Verlag) sind im sportlichen Kampf untersagt und werden daher nicht beschrieben.
Auch im Bodenkampf erhebt sich die bekannte Frage, was ist "Grundtechnik", was ist "Variation".

Die schulmäßige "normale" Form einer Technik, von der überwiegenden Mehrzahl der Judoka geübt und angewendet, wird als Grundform verstanden. Diese Standardform wird teilweise mit den japanischen Vorsilben "Nami" oder "Hon" gekennzeichnet: Zum Beispiel Nami-juji-gatame oder Hon-gesa-gatame. Manche Lehrer verzichten auf diese Vorsilben, um die japanischen Bezeichnungen nicht zu verlängern.

Varianten der Grundform, d.h. Abweichungen von der schulmäßigen Technik, die sich als besonders zweckmäßig erwiesen und entsprechende Verbreitung gefunden haben, werden häufig mit der Vorsilbe "Kuzure" gekennzeichnet: Zum Beispiel Kuzure-gesa-gatame.

Sh, **H** oder **K** am Anfang japanischer Worte wird in zusammengesetzten Bezeichnungen weicher, nämlich als **j**, **b** oder **g** gesprochen. Daher schreibt man

Shime-waza	aber	Ebi-**j**ime
Kesa-gatame	aber	Gyaku
		gesa-gatame

Da Bodentechniken häufig **viele** Varianten aufweisen, sollte bei der Beschreibung der Kuzure-Formen (und bei Gürtelprüfungen!) auf Spitzfindigkeiten verzichtet werden, wie überhaupt ein **Nur-so und nicht anders** im Judo meist von Übel ist.

Maßstab für die Brauchbarkeit einer Technik ist deren Wirksamkeit.

Eine spezielle Abweichung von der Grundform wird mit der Vorsilbe Gyaku-, (die mit der Nachsilbe -henkawaza bei manchen Autoren identisch ist) bezeichnet. Gyaku- bedeutet umgekehrt. Teilweise wird damit die umgekehrte Faßart oder Griffweise, manchmal auch die umgekehrte Stellung oder Drehrichtung als bei der schulmäßigen Form gemeint.

Der die beschriebene Technik Ausführende heißt Tori. Sein Partner, der die Technik erdulden muß, heißt Uke.

Niemand wundert sich, daß ein schulmäßiges Erlernen z. B. des Uchi-mata nicht genügt, um seine Gegner damit im Kampf zu "feuern". Man weiß, Spezialisten haben "ihren Uchi-mata" jahrelang geübt. Das gleiche - wenn auch viel weniger beachtet - gilt natürlich für Bodenkampftechniken. Auch hier fällt z. B. ein "Kuzure-gesa-gatame-Bulle" nicht vom Himmel, sondern wird durch intensives Kampftraining und ausdauerndes Üben des Bewegungsablaufs "gekört".

Umstritten ist, welche Techniken "gehen". "Experten" fällen immer wieder vorschnelle Urteile, welche Techniken "zwingend" sind und welche nicht. Unbestritten kommen kampfstatistisch die Haltegriffe am häufigsten vor. Hebel- und Würgegriffe sind seltener und in den verschiedenen Gewichtsklassen unterschiedlich beliebt. Merke: Unbekanntere Techniken haben, wenn sie überdurchschnittlich beherrscht werden, den höchsten Überraschungseffekt.

Auch im Bodenkampf sind Technik-Kombinationen wirksamer als einzelne Griffe. Man muß schnell sein, warten können und das Richtige im richtigen Moment tun - blinder Eifer schadet meist. Eine gute Bodentechnik ist eher dem Schachspiel als der Tätigkeit des Maulwurfs verwandt.
In allen Dojos sollte eine regelmäßige viertel oder halbe Stunde Bodenrandori bzw. Bodentechnikschulung zur Regel werden. Alle Bodentechniken sollten (zumindest von Fortgeschrittenen) rechts **und** links geübt werden.
In diesem Buch, das man zum Üben neuer Techniken getrost auf die Matte mitnehmen kann, wird nur die Rechtshänder-Version erläutert; die Linksausführung ergibt sich spiegelbildlich.

Mein Dank gilt den Judoka, die sich für die Aufnahmen in diesem Buch geduldig zur Verfügung stellten und mir für die Beschreibung der Techniken gute Ratschläge gaben, besonders meinen Vereinskameraden von der "Wurf- und Fallgemeinschaft 4001".
Möge dieses Buch den Judoka nützen und der Bodentechnik ("Erdkunde") neuen Auftrieb geben.

Zeichenerklärung

Beim Üben sind Kenntnisse der mechanischen Wirkungsweisen der Techniken sehr förderlich. Eine Anzahl der nachfolgenden wichtigen Techniken wird daher in einem Zeichensystem dargestellt, das Aufschluß über deren Wirkungsweise gibt und nachstehend erläutert wird:

a) Haltetechnik

Die schwarzen Punkte ● bezeichnen die Körperpartien, auf denen das Körpergewicht des Angreifers hauptsächlich ruht (Auflager). Schraffierte Punkte ▦ bedeuten, hier wird das Körpergewicht eventuell oder zeitweise abgestützt.

b) Würgetechnik

Ukes Hals wird als Querschnitt durch dieses Zeichen:

symbolisiert. Es bedeuten ₀ Luftröhre, •• Halsschlagadern, ⌐► Genick.
Eine unterbrochene Linie deutet die Jacke des Gegners an:

In Richtung der starken Pfeile ━► zieht oder drückt der Arm des Angreifers. Die kleinen Pfeile ◄━ geben die Stellen an, wo der Hauptwürgeeffekt an Ukes Hals auftritt. Die stark gezeichnete Linie deutet Ober- und Unterarm des Angreifers an. Die eingezeichneten Buchstaben geben die Lage von Hand **H** und Schulter **S** an. Dieses Symbol: △
bezeichnet eine Stelle, an der Ukes Hals oder Kopf vom Angreifer blockiert wird. Hier ▨▨ wird Ukes Kopf durch die Matte festgelegt.

c) Hebeltechnik

Diese starkgezeichnete Strecke ├────── ⌣ ──────┤ symbolisiert den angegriffenen Arm zwischen Hand **H** und Schulter **S**. Der Kreisbogen ⌣ gibt die Lage der Ellenbogenbeuge an, d.h. um diesen Winkel kann Uke seinen Arm beugen.

An diesen Stellen ──► greift Tori durch Zug oder Druck den Arm des Gegners an (angreifende Kraft). Für Stellen, an denen Ukes Arm festgelegt oder eingespannt ist, werden folgende Symbole angewendet:

Durch ein Körperteil von Tori: △

Durch die Matte: ⊿

Haltetechnik

Osae-komi-waza

Kesa-gatame

Neben dem Gegner - ihm eine Körperseite zuwendend - liegend oder knieend halten:

Kesa-gatame
Kuzure-gesa-gatame
Makura-gesa-gatame
Kata-gatame
Gyaku-gesa-gatame
Uki-gatame

Yoko-shiho-gatame

Bäuchlings neben dem Gegner liegend oder knieend halten:

Yoko-shiho-gatame
Kuzure-yoko-shiho-gatame
Mune-gatame
Kata-osae-gatame

Kami-shiho-gatame

Bäuchlings hinter dem Gegner liegend oder knieend halten:

Kami-shiho-gatame
Kuzure-kami-shiho-gatame
Kami-sankaku-gatame
Ura-shiho-gatame

Tate-shiho-gatame

Über dem Gegner liegend oder knieend halten:

Tate-shiho-gatame
Kuzure-tate-shiho-gatame
Tate-sankaku-gatame

14

Osae-komi-waza   Haltetechnik

Das Ziel dieser Griffe besteht darin, den Gegner im Judokampf 25 Sekunden (Waza-ari) oder besser 30 Sekunden (Ippon) auf dem Rücken oder der Seite liegend so fest zu halten, daß er in seiner Bewegungsfreiheit behindert ist, nicht aufstehen kann und sich unter Toris Kontrolle befindet.

Die Haltetechnik beruht auf einer geschickten Verlagerung des eigenen Schwerpunkts unter Berücksichtigung der Bewegungen des Gegners und Verwendung des Hebelprinzips zum Abstützen bei gegnerischen Befreiungsversuchen (siehe **1x1 des JUDO**, erschienen im gleichen Verlag).

Haltegriffe sind gute Ausgangspositionen, um den Gegner bei Befreiungsversuchen durch Hebel- oder Würgegriffe zu besiegen.

Wenn der Gegner auf dem Rücken liegt, kann man ihn beim Judo aus folgenden Richtungen angreifen und festhalten:

> a) an Ukes rechter oder linker Körperseite
>
> b) von Ukes Kopf her
>
> c) über Uke liegend

Die weitere Möglichkeit, den Gegner von den Beinen her mit einem Haltegriff anzugreifen, wird zwar beim Judo nicht praktiziert, wohl aber beim SAMBO (siehe **SAMBO KAMPF**, erschienen im gleichen Verlag). Nach der Anzahl der Hauptberührungspunkte des Haltenden mit der Matte (Auflager) unterscheidet man zwei Haltegriffstellungen:

> Dreierposition   Kesa-gatame
>
> Viererposition   -shiho-gatame
>
> (shiho jap. = Vier)

Daraus folgt die Einteilung der Haltetechnik in vier Gruppen, siehe Tabelle auf Seite 14.

Kesa-gatame-Gruppe

Kesa-gatame   Schärpe

Uke liegt auf dem Rücken. Tori befindet sich an Ukes rechter Seite, erfaßt Ukes rechten Arm (an der Außenseite zwischen Ellenbogen und Schulter) und rutscht, den rechten Fuß vorschiebend und die Beine grätschend, so an Uke heran, daß Tori mit der eigenen rechten Seite auf Ukes rechten kurzen Rippen zu liegen kommt. Toris Gewicht ruht bei angespanntem Körper in Dreierposition:
1. auf dem rechten Ballen an der kleinen Zehe (Fußaußenkante),
2. auf dem linken Ballen an der großen Zehe (Fußinnenkante),
3. auf Ukes rechter Körperseite kurz oberhalb der Hüfte, die Atmung des Gegners behindernd.

Toris Beine sind weit gegrätscht (Oberschenkel ca. 140°) und im Kniegelenk eingewinkelt (zwischen Ober- und Unterschenkel ca. 120°).

Fig. 1

Ukes rechter Unterarm wird dicht am Handgelenk unter Toris linker Achsel fest eingeklemmt. Der Stoff von Ukes Judogi wird an der Außenseite des rechten Oberarms von Toris linker Hand fest angezogen wobei Toris Unterarm **unter** Ukes Ellenbogen liegt. Tori liegt gebeugt und möglichst flach auf der Matte. Seine rechte Schläfenseite kann Ukes rechte Kopfseite berühren oder dagegen drücken. Toris rechter Unterarm liegt unter Ukes Nacken. Toris rechte Handfläche berührt die Matte oder die Hand wird zur Faust geballt (Fig. 1).

Um die Wirkungsweise der Haltetechnik zu verdeutlichen, soll am Beispiel des Kesa-gatame das strategische Konzept gegen Ukes Befreiungsversuche detailiert erläutert werden. Versucht Uke sich zu befreien, so kann er dies nach vier Richtungen versuchen:

1. Uke versucht Tori nach hinten auf den Rücken zu kippen: Dies verhindert Tori durch Druck des linken Ballens und Nachvornlegen des Oberkörpers. Tori muß zu diesem Zweck seine Beine weit grätschen und sein linkes Bein im Kniegelenk angewinkelt halten. Toris linkes Knie sollte dabei die Matte berühren, um es Uke zu erschweren, dieses Bein mit seinem Unterschenkel bzw. der Ferse zu klammern und so evtl. den Haltegriff zu lösen.

2. Uke versucht Tori nach vorn auf Bauch bzw. Gesicht zu kippen: Dies verhindert Tori durch Druck des rechten Ballens und Zurücklegen des Oberkörpers. Tori muß dabei den rechten Fuß immer weit nach vorne, möglichst nahe, in Richtung Uke schieben. Bei Drehversuchen von Uke nach links muß dieser rechte Fuß immer wieder von Tori an Uke herangeschoben werden und der linke Fuß unter Beibehaltung der weiten Grätsche nachgezogen werden.

Versucht Uke durch in-die-Brücke-gehen zu entkommen, setzt Tori die rechte Hand auf die Matte und hebt den Unterarm am Handgelenk so an, daß Uke dies nicht gelingt.

3. Versucht Uke Tori über sich hinweg zu rollen, muß Tori vor allem **locker** am Gegner liegen und seinen Körper nur dann kurzfristig anspannen, wenn Uke sich zu diesem Befreiungsversuch aufrafft. Versucht Uke Tori über sich hinwegzurollen, gelingt dies bei guter Technik von Tori nicht. Ist es Uke dennoch gelungen, Tori anzukippen, ist es oft günstig, in diesem Moment die Beinstellung schnell und energisch zu

Fig. 2

wechseln und dadurch den Schwerpunkt zu senken (Fig. 2). Oft hilft in dieser Situation im letzten Moment ein Übergang zu Kuzure-gesa-gatame, indem Tori seine Hand unter Ukes Nacken hervorzieht und sich abstützt.

4. Versucht Uke sich zu Tori zu drehen, so wird dies durch gutes Einklemmen von Ukes rechtem Unterarm unter Toris Achsel und Festhalten von Ukes Oberarm am Ärmel dicht an der Schulter verhindern. Gelingt es Uke dennoch, den Unterarm freizubekommen, kann Tori mit seinem linken Knie unter Zuhilfenahme der linken Hand den Hebel Kesa-ashi-gatame anziehen.

Wenn Uke die Gefahr bemerkt und seinen Arm anwinkelt, bietet sich eine Chance für Kesa-garami.

Hat Uke seinen rechten Arm völlig befreit, ist gelegentlich ein Übergang zu Kata-gatame möglich, wenn Tori Ukes Arm mit dem Kopf zur Seite drückt und nachfaßt.

Kuzure-gesa-gatame   Variierte Schärpe

Dieser Haltegriff kann, wie erwähnt, aus Hon-gesa-gatame entstehen, wenn Uke versucht, Tori über sich hinweg zu wälzen und Tori seinen rechten Unterarm unter Ukes Nacken hervorzieht und sich mit der Hand abstützt. Dieser Haltegriff wird auch oft

18

direkt beim Angriff eines auf dem Rücken liegenden Gegners aus stehender Position (z.B. nach "abgerutschtem" Sutemi-waza) oder nach dem Entkommen aus der Schere (kniende Position zwischen den Beinen des Gegners) und Übergang zu seitlich liegender Position angewendet.

Kuzure-gesa-gatame ist eine erfolgreiche Kampftechnik, die im Bodenkampf besonders häufig angewendet wird und den Vorteil hat, Überrollversuche des Gegners mit hoher Sicherheit zu vereiteln.

Uke liegt auf dem Rücken. Tori liegt in Kesa-gatame-Haltung neben dem Gegner. Die eigene rechte Hüftseite liegt unterhalb der kurzen Rippen (Zwerchfell) d.h. meist tiefer als beim Hon-gesa-gatame auf dem Gegner. Toris rechte Hand befindet sich unter oder vor Ukes linker Achsel. Tori faßt entweder den Stoff von Ukes Judogi an der Schulter oder Achsel oder preßt die Hand an Ukes linker Brustseite oder weiter entfernt auf die Matte (Fig. 3). Toris rechter Unterarm liegt ebenfalls auf der Matte. Es empfiehlt sich, mit der Hand nicht zu tief unter Ukes Achsel zu fassen. Bei Uberrollversuchen des Gegners muß man die Hand hervorziehen und sich weiter von Uke entfernt auf der Matte abstützen können. Wenn der Gegner "ermattet" und seine Überrollanstrengungen unterbricht, rutscht die Hand wieder unter die Achsel oder jedenfalls in Ukes Nähe.

Fig. 3

 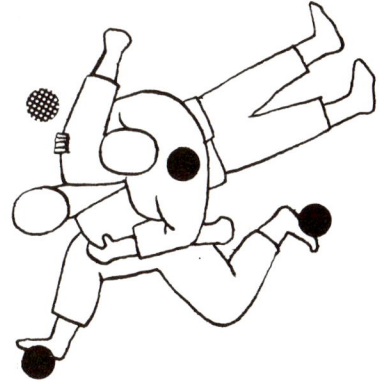

Tori hält seinen Oberkörper meist ziemlich aufrecht. Er kann sich aber auch über den Gegner beugen, wobei Toris rechte Schläfe Ukes Brust berührt. Tori muß ebenso wie bei Hon-gesa-gatame seine Beine gegrätscht halten: Die rechte Fußaußenkante (Ballen und kleiner Zeh) sowie die linke Fußinnenkante (Ballen und großer Zeh) werden auf die Matte gepreßt. Tori kann auch das linke Knie von der Matte anheben und die Fußsohle aufsetzen. Tori sollte (wie bei Hon-gesa-gatame) kräftig an Ukes rechtem eingeklemmten Arm ziehen. Toris linke Hand kann statt Ukes Oberarm auch evtl. Ukes Revers erfassen.

Der Vorteil des Kuzure-gesa-gatame besteht darin, daß Tori sich jederzeit mit der rechten Hand auf der Matte abstützen kann und damit Versuche des Gegners, sich durch Überrollen des Angreifers zu befreien, praktisch unmöglich macht.

Versucht Uke sich zu Tori zu drehen, um so zu entkommen, kann dies häufig durch einen Übergang in Kami-shiho-gatame vereitelt werden. Tori muß seine Hüfte beim Übergang möglichst flach auf der Matte halten und sich um das rechte Bein herum aus der Seit- in die Bauchlage wälzen.

Wenn Uke versucht, sich zu Tori zu drehen und dabei seinen linken Arm zur Hilfe nimmt, hat Tori häufig eine Chance für Waki-gatame.

Makura-gesa-gatame   Kissenschärpe
(= Kashira-gatame)

Dieser Festhaltegriff kann angesetzt werden, wenn Uke sich aus einem Hon-gesa-gatame dadurch befreien will, daß er sich zu Tori dreht und auf den Bauch zu wälzen versucht. Tori zieht kräftig an Ukes rechtem Arm und behindert den Gegner dadurch bei seiner Drehbewegung. Gleichzeitig drückt Tori das rechte Knie gegen oder unter Ukes rechte Schulter und schiebt mit dem rechten Arm Ukes Kopf in Richtung des eigenen rechten Knies, bis Tori mit der rechten unter Ukes Genick befindlichen

Hand den Stoff der eigenen Hose an der Innenseite des rechten Oberschenkels dicht am Knie erfassen kann (Fig. 4). Dadurch, daß Uke mit Schulter und Kopf auf Toris Oberschenkel liegt, ist es ihm weder möglich, sich in die Bauchlage zu wälzen, noch

Fig. 4/5

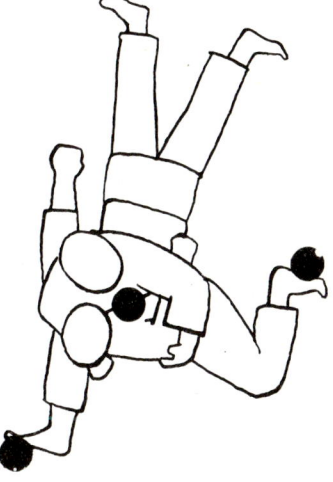

durch "in-die-Brücke-gehen" zu entkommen.
Die Beinhaltung und die Faßart des linken Arms entsprechen dem Kesa-gatame.
Eine Variation besteht darin, daß man diesen Griff aus Kuzure-gesa-gatame ansetzt. Tori faßt mit der rechten Hand unter Ukes linker Achsel hindurch ebenfalls in das eigene rechte Hosenbein und zieht den Gegner dabei an sich heran. Mit der linken Hand kann sich Tori auf der Matte abstützen (Fig 5).

Diese Variation ist besonders für große Judoka mit langen Armen und Beinen oder zum Einsatz gegen weniger breitschultrige Kameraden geeignet.

Kata-gatame · Schulterschärpe

Diesen Griff kann man anwenden, wenn es dem Gegner bei Hon-gesa-gatame gelingt, seinen rechten Arm zu befreien. Tori kann dabei manchmal mit der linken Hand Ukes Unterarm vom eigenen Körper fortschieben und die eigene rechte Hals- bzw. Kopfseite von außen gegen Ukes Oberarm legen. Tori faßt danach mit der linken Hand die unter Ukes Nacken befindliche rechte Hand bzw. verklammert die beiden oberen Glieder der Finger seiner Hände (Fig. 6). Kata-gatame sollte man wegen der Verletzungsgefahr nicht mit gefalteten Händen (Pastorengriff!) ausführen.

Fig. 6/7

Toris Kopfseite drückt beim Halten entweder kräftig gegen Ukes Oberarm (nahe Ellenbogengelenk) oder Toris Kopf befindet sich dicht an Ukes Schulter, um dem Gegner keinen Ansatzpunkt zu bieten, den Griff durch Armkraft zu sprengen.
Katamäßig und gelegentlich auch im Kampf kann Toris linkes Bein (bei gleicher Faßart der Hände) weit weggestreckt und die

Fußsohle auf die Matte gepreßt werden. Das rechte Knie (dicht am Gegner) und der rechte Ballen werden auf die Matte gesetzt, so daß der Gegner im Kniestand gehalten wird (Fig. 7). Toris Stirn kann dabei unter Umständen in der Nähe von Ukes rechter Schulter auf die Matte gesetzt werden.

Es ist nicht ganz einfach und daher seltener, den Gegner in die für diesen Haltegriff erforderliche Position zu bringen. Andererseits ist Kata-gatame ein besonders wirksamer Haltegriff, weil man gleichzeitig mit der eigenen rechten Speiche einen Würgeeffekt erzielt, der gegnerischen Befreiungseifer dämpft.

Manche Kämpfer bevorzugen Kata-gatame in der beschriebenen Faßart nahezu auf dem Bauch liegend (also Yoko-shiho-gatame ähnlich) auszuführen.

Gyaku-gesa-gatame   umgekehrte Schärpe
(= Ushiro-gesa-gatame)

Bei diesem Festhaltegriff liegt der Angreifer in der gleichen Körperhaltung neben dem Verteidiger wie bei Kuzure-gesa-gatame, aber in entgegengesetzter Richtung, d.h. auf der linken Gesäßseite. Toris Beine sind gegrätscht, Toris linke Hüfte befindet sich an der rechten Schulter des Gegners.

Tori faßt mit der linken Hand unter Ukes linker Achsel hindurch in den Stoff von Ukes oder der eigenen Jacke oder in Ukes Gürtel. Toris linker Unterarm liegt links neben Ukes Körper auf der Matte oder wird gegen Ukes linke Körperseite gedrückt. Bei Überrollversuchen des Gegners kann sich Tori auf dem linken Unterarm bzw. mit der linken Hand abstützen.

Ukes rechter Arm wird unter Toris rechter Achsel eingeklemmt. Toris rechte Hand erfaßt Ukes Jacke an der rechten Achsel (oder evtl. auch am Gürtel) und wird kräftig angezogen. Toris rechter Ellenbogen drückt (Ukes Arm einklemmend) gegen die eigene rechte Hüfte. Toris Oberkörper kann aufgerichtet sein oder Tori legt die linke Schläfe auf Ukes rechte Brust- bzw. Bauchseite. Besonders wichtig ist es, den eigenen rechten Fuß

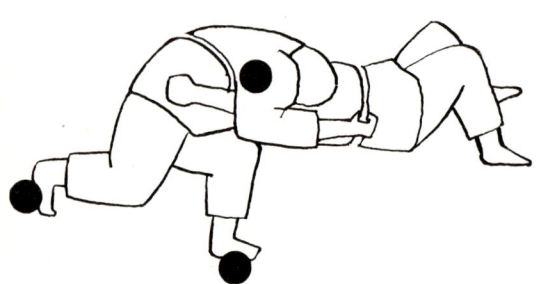

Fig. 8

möglichst weit im Kreis nach rechts hinten zu schieben, um zu verhindern, daß Uke Tori nach rückwärts zu Boden rollen kann (Fig. 8). Langbeinige Judoka sind in dieser Hinsicht besonders stabil und daher für den Gyaku-gesa-gatame prädestiniert.

Ist Uke im Begriff, Tori nach hinten aus der Balance zu bringen, kann oft ein Übergang zur Kami-shiho-gatame-Position unter Zurückziehen des linken Beins bewirken, daß Tori Uke weiter unter Kontrolle behält. Aus Gyaku-gesa-gatame kann Tori Hara-garami ansetzen oder Katate-jime ausführen.

Uki-gatame

Diese Haltetechnik ist z.B. beim Übergang vom Stand in die Bodenlage evtl. als Ubergangslösung zu Kuzure-gesa-gatame anwendbar.

Uke liegt auf dem Rücken. Tori befindet sich an Ukes rechter Seite und setzt den rechten Unterschenkel quer über Ukes rechte Brustseite. Die linke Fußsohle setzt Tori auf die Matte. Toris linke Hand erfaßt Ukes rechten Ärmel von außen im oberen Drittel und zieht diesen Arm kräftig an sich heran. Mit der rechten Hand soll Tori den Stoff von Ukes Judogi an linker Achsel, Revers oder Schulter erfassen und diesen ebenfalls anziehen (Fig. 9).

24

Fig. 9

Der Druck von Toris Schienbein und ein "männlicher Armzug" veranlassen empfindsame Gegner bewegungslos zu verharren.

Yoko-shiho-gatame-Gruppe

Yoko-shiho-gatame   **Seitvierer**

Uke liegt auf dem Rücken. Tori kniet an Ukes linker Seite und beugt sich über den Gegner. Toris linke Hand faßt zwischen Ukes Beinen hindurch in den Gürtel des Partners auf Ukes rechter Seite bzw. in den Stoff seiner Jacke oder Hose in Gesäßnähe. Toris Ellenbogenbeuge muß dabei so weit in der Mitte zwischen den Beinen des Gegners sein (Test machen!), daß Uke den Arm nicht durch Strecken seines rechten Beins einfach fortschieben kann. Toris rechte Hand erfaßt über Ukes linken Arm hinweg unter Ukes Nacken hindurch den Stoff von Ukes Jacke am rechten Schulterblatt. Ukes linker Arm wird zwischen Toris rechtem Oberschenkel (Knie dicht an Ukes linke Schulter schieben) und Toris rechtem Oberarm bzw. Ellenbogen festgeklemmt.
Tori muß das Gesäß stets tief halten. Toris Zehen sollen aufgesetzt werden, die Beine sind zu grätschen (Fig. 10).

25

Faßt Uke mit dem rechten Arm in Toris Judogi am Rücken und versucht er Tori über sich hinwegzurollen, kann Tori dies häufig verhindern, indem er seine Beine nach hinten streckt und sich mit seiner Stirn auf der Matte abstützt oder indem er in eine Variante dieses Haltegriffs übergeht.

Fig. 10

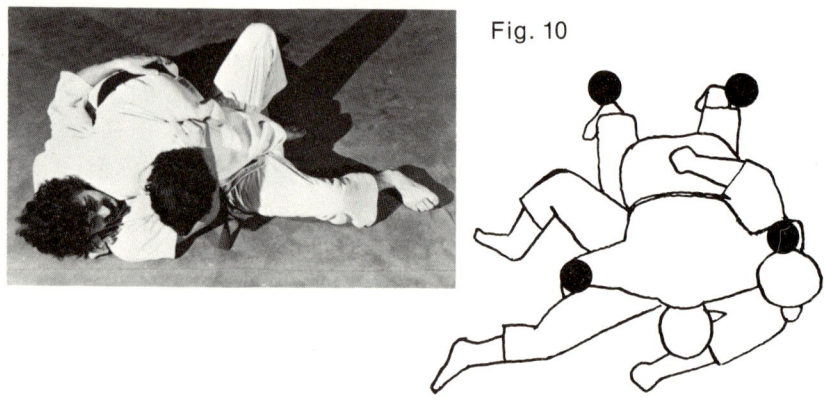

Kuzure-yoko-shiho-gatame   variierter Seitvierer

Unter dieser Bezeichnung werden mehrere Variationen von Yoko-shiho-gatame beschrieben. Uke liegt stets auf dem Rücken. Tori befindet sich an Ukes linker Seite. Es ist immer nützlich, sich zunächst quer über den Gegner zu legen, um ihn dadurch in seiner Bewegungsfreiheit zu behindern. Tori hat die Beine ausgestreckt und gegrätscht bzw. beide Knie oder nur ein Knie angezogen.

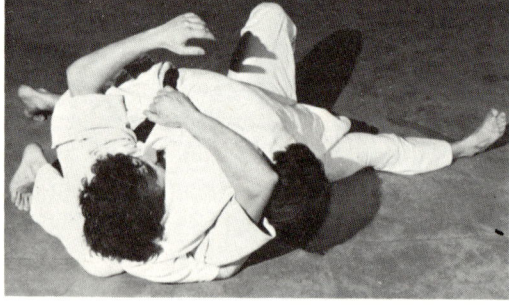

Fig. 11

Wenn der Gegner nun "zappelt" um sich zu befreien, ist dies oft ein günstiger Moment, eine der folgenden Technik-Variationen anzusetzen:

1) Tori faßt mit der linken Hand zwischen Ukes Beine, aber mit der rechten Hand über Ukes Kopf hinweg von der Schulter her unter Ukes rechte Achsel (Fig. 11). Dabei ist es zweckmäßig, wenn Tori sein rechtes Knie anzieht. Es ist besonders wichtig, daß Tori seinen rechten Ellenbogen kräftig zum eigenen Körper bzw. zu seinem Knie drückt.

2) In gleicher Faßart, diesmal unter Anziehen des linken Knies, kann Tori auch Ukes rechtes Hosenbein von außen fassen und den Gegner so niederhalten (Fig. 12).

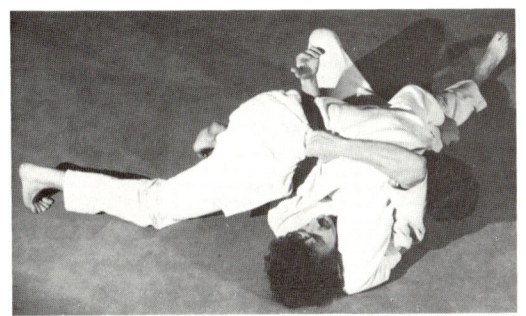

Fig. 12/13

3) Gelegentlich gelingt es auch, in der beschriebenen Haltung die linke Hand unter Ukes Beinen bzw. Becken hindurch zu

schieben und das rechte Handgelenk des Gegners zu fassen, um Ukes gestreckten Arm an Ukes rechter Körperseite zu arretieren, wobei die Faßart der rechten Hand nach Möglichkeit wie bei Yoko-shiho-gatame beibehalten wird.

Bei allen Techniken der Yoko-shiho-gatame-Gruppe ist es wichtig, den eigenen Schwerpunkt tief zu halten, d.h. das Becken so flach wie möglich auf die Matte zu pressen. Toris Kinn kann auf Ukes Brust gedrückt werden.

Bei Überrollversuchen des Gegners kann sich Tori kurzfristig mit einer Hand oder dem Unterarm vor Uke auf der Matte abstützen (Fig. 13).

Mune-gatame

Bei einer weiteren Abart des Yoko-shiho-gatame liegt Tori im rechten Winkel quer über Ukes Brustkorb. Toris Beine sind meist gestreckt, die Zehen sollten aufgesetzt werden. Es ist auch möglich, ein oder beide Knie anzuziehen. Mit der linken Hand, die unter Ukes Genick soweit hindurch geführt wird, bis Toris Oberarm Ukes rechte Halsseite berührt, ergreift Tori Ukes Jacke in Höhe von Ukes linker Schulter. Toris rechte Hand faßt über Uke hinweg und hält den linken Oberarm des Gegners von unten her. Der Arm wird auf jeden Fall von außen umfaßt, da sonst kein wirksames Halten möglich ist (Fig. 14).

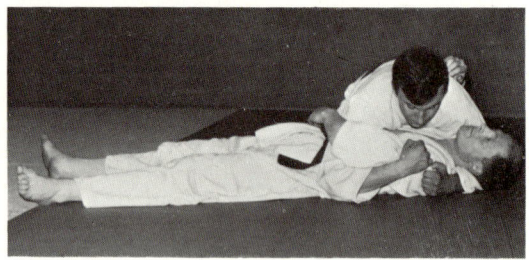

Fig. 14

Bei der herkömmlichen Version des Mune-gatame faßt Tori mit der linken Hand nicht unter dem Genick hindurch, sondern über

28

Fig. 15

Ukes Hals hinweg (Fig. 15). Toris beide Arme werden kräftig
gegen Ukes Körperseite gedrückt.
Um Ukes Befreiungsversuchen begegnen zu können, kann Tori
mit seiner rechten oder linken Hand vor sich auf der Matte Halt
suchen.

Kata-osae-gatame   Doppelseitvierer

Eine günstige Ausgangsstellung für diesen Griff ergibt sich,
wenn Tori Uke in Kuzure-gesa-gatame hält, der Gegner seinen
rechten Arm unter Toris Achsel hervorgezogen hat und sich
durch eine Drehung zu Tori befreien will, indem er den linken
Arm über seinen Kopf hebt und, um die Bewegung zu
unterstützen, Toris Beine zu fassen versucht (Fig. 16).
Tori faßt mit seiner linken Hand über Ukes beide Arme hinweg,
unter Ukes Nacken hindurch in den Stoff der Jacke des
Gegners und klemmt Ukes Arme (vorwiegend den linken) unter
seine linke Achsel. Tori zieht sein rechtes Bein unter seinem
linken hindurch (Fig. 17), dreht sich auf den Bauch und zieht
sein linkes Knie an Ukes Schulter oder streckt beide Beine.
Toris rechte Hand, die zunächst an Ukes linker Körperseite auf
die Matte gepreßt wurde, faßt jetzt zwischen Ukes Beinen
hindurch in den Stoff der Hose unter Ukes linkem Oberschenkel
(Fig. 18). In dieser Lage hat Uke kaum eine Chance, aus dem
Kata-osae-gatame zu entkommen. Es ist auch möglich, mit der
rechten Hand nicht in Ukes Hosenbein, sondern in den Stoff
der Jacke an Ukes linker Schulter zu fassen (Fig. 19).

Fig. 16-18

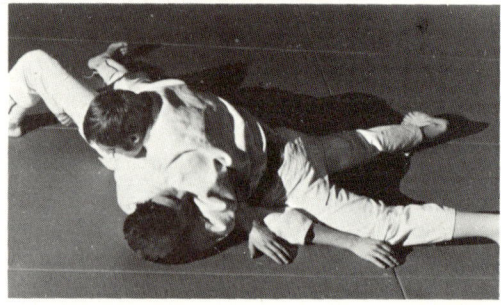

Ein Kata-osae-gatame ähnlicher Haltegriff entsteht, wenn es Tori aus der Yoko-shiho-gatame-Position im Verlauf des Kampfgeschehens gelingt, Ukes Arme unter seine **rechte** Achsel einzuklemmen und mit der rechten Hand den eigenen Gürtel zu fassen. Toris linker Unterarm liegt unter Ukes Nacken, die linke Hand erfaßt den Stoff von Ukes Jacke am Kragen oder vor der linken Schulter (Fig. 20).

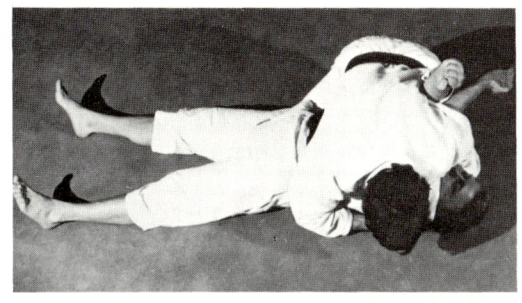

Fig. 19/20

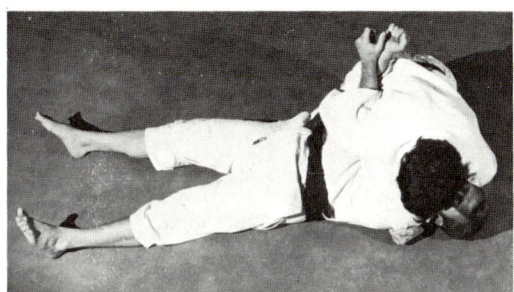

Kami-shiho-gatame-Gruppe

Kami-shiho-gatame   **Oberer Vierer**

Uke liegt auf dem Rücken. Tori befindet sich an Ukes Kopfseite
und legt sich mit der Brust auf den Gegner. Ukes Gesicht darf
dabei (aus humanitären Gründen) frei bleiben. Beide Körper
bilden eine gerade Linie oder evtl. einen stumpfen Winkel.
Tori legt seine Kinnseite etwa in der Mitte zwischen Ukes
Gürtel und Schulter auf Ukes Brust oder Körperseite. Im
Bedarfsfall kann Tori sein Kinn auch etwas stärker auf Ukes
Rippen "legen", um Ukes Unternehmungsgeist ein wenig zu
dämpfen (eine "Aktion Specht" allerdings untersagt die Kampf-
regel).

Tori führt diesen Haltegriff meist mit annähernd gestreckten und weit gegrätschten Beinen aus. Das Grätschen der Beine ist erforderlich, um Ukes Versuchen, den Angreifer zur Seite abzuwälzen, Widerstand entgegensetzen zu können. Tori kann bei diesem Haltegriff auch mit geöffneten Beinen und abgesenktem Gesäß knien. In jedem Fall sollten die Zehen (wie beim Tiger vor dem Sprung) aufgesetzt werden (Fig. 21).

Fig. 21

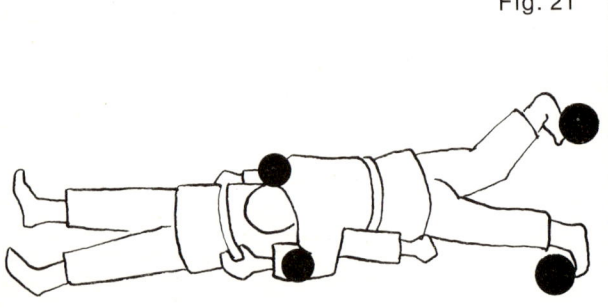

Es gibt zwei Hauptfaßarten:
1. Tori faßt seitlich an Ukes beiden Schultern vorbei in Ukes Gürtel oder Judogi. Tori klemmt dabei Ukes Oberarme mit den eigenen Oberarm-Innenseiten - Uke zusammendrückend - ein, so daß Uke beide Unterarme nahezu frei bewegen kann, ohne das ihm dies ein Entkommen erleichtert (Fig. 22).

Fig. 22

32

Für Tori besteht bei dieser Ausführung jedoch die Gefahr, mit Würgegriffen wie z.B. Kami-shiho-ashi-jime angegriffen zu werden. Bei dieser Haltegriffversion ist es daher für Tori besonders wichtig, seine Kopfseite fest auf Ukes Brust oder an Ukes Körperseite zu pressen.

2. Es ist auch möglich, mit beiden Armen über Ukes Schultern hinweg in Gürtel oder Judogi des Gegners zu fassen. Tori preßt dabei seine Ellenbogen in Richtung der eigenen Körperseiten. Toris Unterarme liegen auf der Matte. Ukes Oberarme werden durch diese Faßart (soweit Toris Kraft dafür ausreicht) an Toris Körperseiten blockiert (Fig. 23).

Fig. 23

Uke wird bei dieser Faßart ein Würgegriffansatz unmöglich gemacht. Er vermag allerdings evtl., falls er den Griff lockern und mit einem Unterarm unter Toris Bauch gelangen kann, den Haltenden zu überrollen.

Kuzure-kami-shiho-gatame   variierter oberer Vierer

Dieser Griff ist eine recht wirksame Variante des Kami-shiho-gatame. Uke liegt auf dem Rücken. Tori befindet sich an Ukes Kopfseite. Der Angreifer legt sich über Ukes rechte Schulter hinweg so auf den Gegner, daß Toris Kopf auf Ukes linke Brustseite drückt und die Körper der Kämpfer einen

33

Winkel von etwa 45° bilden. Ukes Kopf befindet sich an Toris linker Körperseite. Toris linke Hand faßt unter Ukes linker Achsel hindurch an Ukes linker Körperseite in den Gürtel. Mit der rechten Hand faßt Tori über Ukes rechten Arm hinweg unter Ukes Achsel hindurch in Ukes Kragen nahe am Genick (Finger innen). Dabei wickelt Toris rechter Arm Ukes rechten Arm ein - Toris rechter Ellenbogen drückt Ukes Arm an die eigene Hüfte (Fig. 24).

Fig. 24

Tori kann den Griff knieend ausführen oder im Liegen das rechte oder das linke Knie (siehe Zeichnung) so anziehen, daß es gegen Ukes Schulter drückt. Toris Zehen sollten stets aufgesetzt werden. Toris Beine sind gegrätscht.

Kami-sankaku-gatame

Uke liegt auf dem Rücken, Tori befindet sich an Ukes rechter Seite. Eine gute Ausgangsstellung ergibt sich, wenn Tori Uke in Kuzure-gesa-gatame hält (Fig. 25), der Gegner aber seinen rechten Arm unter Toris Achsel hervorzieht und sich mit einer Drehung zu Tori aufzurichten versucht. Tori dreht sich nach

Fig. 25-27

rechts und schwingt seinen linken Fuß über Ukes Kopf (Fig. 26). Er bringt seinen linken Unterschenkel hinter Ukes Nacken, indem er die Ferse zum eigenen Körper zieht. Anschließend legt Tori seinen linken Spann in seine rechte Kniekehle und verriegelt seine Beine zum Dreieck. Ukes rechter Arm wird dabei eingeklemmt (Kopfscheren ohne Armeinschluß sind verboten). Toris rechter Unterschenkel kann angehoben werden oder der rechte Ballen wird auf die Matte gepreßt.

Tori greift mit dem rechten Arm zwischen Ukes Beinen hindurch um Ukes linken Schenkel und faßt evtl. Ukes Gürtel an dessen linker Körperseite. Tori kann seine rechte Kopfseite von außen gegen Ukes Schenkel pressen und sich mit der linken Hand auf der Matte abstützen, wenn Uke Befreiungsversuche unternimmt (Fig. 27).

Eine andere Möglichkeit zum Ansatz besteht aus Yoko-shiho-gatame. Uke liegt auf dem Rücken und versucht zu entkommen. Der Angreifer befindet sich an Ukes rechter Seite. Tori dreht sich zum Gegner, blockiert Ukes rechten Arm mit seinem linken Oberschenkel, schwingt den linken Fuß über Ukes Kopf, schiebt ihn unter Ukes Nacken hindurch und verriegelt den linken Spann in der rechten Kniekehle.

Bei Yoko-shiho-gatame ergibt sich auch für den im Haltegriff Liegenden die Möglichkeit, Kami-sankaku-gatame anzusetzen, wenn es ihm gelingt, mit seinem an der Kopfseite des Haltenden befindlichen Bein (mit Unterstützung seiner Hand) den Kopf des Gegners nach unten zu drücken. Anschließend werden die Beine zum Dreieck geschlossen, indem der Spann des auf den Nacken des Gegners drückenden Beins unter dem Unterschenkel des anderen Beins verhakt wird. Indem man sich zum Gegner drehend aufrichtet, rollt der ursprünglich Haltende auf den Rücken und wird festgehalten.

Fig. 28/29

Eine weitere Möglichkeit ergibt sich aus Kami-shiho-gatame, wenn Tori zu weit über den Gegner geraten ist und/oder Uke sich nach einer Seite dreht und Tori abzurollen versucht (Fig. 28/29).

Ura-shiho-gatame   Oberer Armvierer

Uke liegt auf dem Rücken. Tori befindet sich an Ukes Kopfseite und hält Uke nieder. Tori lockert mit der rechten Hand Ukes linkes Revers und schiebt dann das lose Revers unter Ukes linker Achsel hindurch bis zur eigenen linken Hand, die das angebotene Revers ergreift (Finger innen, Daumen außen). Dadurch wird Ukes linke Schulter fixiert.

Fig. 30

Sobald Tori Ukes linkes Revers ergriffen hat, lehnt er sich etwas stärker auf Ukes linke Seite, um den Gegner besser unter Kontrolle zu bringen. Jetzt greift Tori mit seiner rechten Hand unter Ukes rechter Achsel hindurch und faßt Ukes rechtes Revers (Finger innen, Daumen außen) in gleicher Art wie zuvor das linke Revers.
Tori zieht Ukes Revers mit beiden Händen kräftig zu sich heran und etwas nach innen. Toris geballte Fäuste sollen sich kurz vor Ukes Achseln befinden. Es ist wichtig, daß Toris beide Ellenbogen auch dann fest auf die Matte gepreßt bleiben, wenn

Uke Befreiungsversuche unternimmt. Toris Beine werden gegrätscht und die Zehen aufgesetzt.Toris Kinn wird auf Ukes rechte Brustseite gedrückt (Fig. 30).

Ura-shiho-gatame ist besonders wirksam, wenn Tori seine linke Schulter gegen Ukes Genick geschoben hat. Uke kann sich dann nicht mehr durch eine Ringerbrücke befreien. Dabei ist zu beachten, daß Tori seine Schulter nicht übertrieben weit unter Ukes Genick schiebt, da sonst ein verbotener Genickhebel entsteht.

Tate-shiho-gatame-Gruppe

Tate-shiho-gatame   Reitvierer

Uke liegt auf dem Rücken. Tori kniet im Reitsitz über dem Gegner. Toris Knie können gegen Ukes Körperseiten gedrückt werden. Bei diesem Griff ist es besonders wichtig, den eigenen Körper und das Gesäß möglichst tief, d.h. flach über der Matte zu halten.

Toris Fußsohlen oder Achillessehnen werden gegen die Außen- oder besser Unterseiten von Ukes Oberschenkeln gebracht. Eventuell kann Tori auch einen oder zeitweise beide Ballen neben dem Gegner auf die Matte pressen.

Fig. 31/32

Versucht Uke Tori nach einer Seite abzuwälzen, verhindert Tori dies dadurch, daß er seine Fußsohle bzw. Achillessehne auf der gegenüber liegenden Seite unter Ukes Oberschenkel preßt und sich mit diesem Bein jeweils "zurückzieht".

Häufig wird folgende Faßart angewendet: Tori schiebt den rechten Arm über Ukes linke Schulter hinweg, unter Ukes Nacken hindurch und erfaßt Ukes Judogi an Ukes rechter Schulter. Wenn möglich, klemmt Tori unter Zuhilfenahme der linken Hand Ukes rechten Oberarm mit der eigenen rechten Halsseite fest (Fig. 31). Toris rechte Schläfe ruht an Ukes rechter Kopfseite. Toris linker Arm wird nach vorn geschoben und der Unterarm bzw. die Handfläche auf die Matte gestützt.

Tori kann auch mit der rechten Hand, statt Ukes Schulter, den Stoff am eigenen linken Oberarm von innen fassen (Fig. 32).

Versucht Uke Tori kopfüber abzuwerfen, kann Tori dies durch Abstützen mit dem linken Arm verhindern. Eventuell kann Tori sich auch mit der Stirn auf der Matte abstützen.

Aus der Tate-shiho-gatame-Position kann man gut zur Kesa-gatame-Position überwechseln, Ude-garami ansetzen oder den Gegner mit Würgetechniken angreifen.

Kuzure-tate-shiho-gatame   Variierter Reitvierer

Unter dieser Bezeichnung werden mehrere Abarten des Tate-shiho-gatame beschieben:

1. Tori kann z.B. mit seinen Füßen Ukes Schienbeine umschlingen und Uke auf diese Weise mit den Beinen recht gut halten. Es ist verboten, dem Gegner durch Beinhebelversuche Schmerz zuzufügen (Fig. 33).

2. Tori kann Uke auch halten, wenn er nicht unter Ukes Achsel hindurch, sondern über Ukes rechte Schulter hinweg greift, bzw. Ukes rechten Arm nicht mit seiner Kopfseite blockieren konnte. Es empfiehlt sich für Tori hierbei, mit der rechten Hand den

39

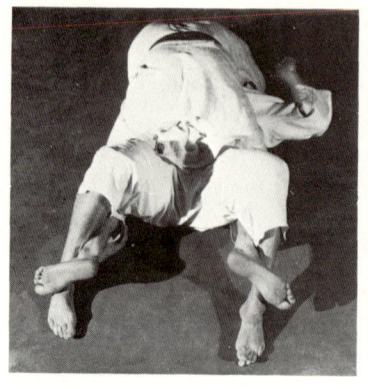

Fig. 33/34

eigenen linken Ärmel zu fassen und sich gut mit der linken Hand auf der Matte abzustützen (Fig. 34).

3. Ist es Uke gelungen, den rechten Arm zu befreien, kann Tori diesen oft wieder wie bei Kesa-gatame mit seinem linken Arm umschlingen. Tori bringt Ukes Unterarm unter seine Achsel und erfaßt Ukes Oberarm oder Revers und hält den Gegner mit einer Art "Kesa-gatame-aus-dem-Reitsitz", wobei Toris rechte Hand unter Ukes Nacken verbleibt.

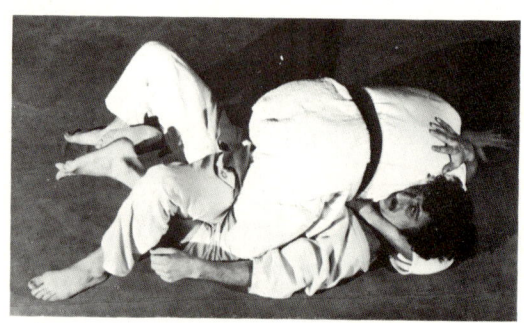

Fig. 35

4. Eine andere ziemlich wirksame Variation besteht darin, daß Tori seinen rechten Arm über Ukes rechte Schulter hinweg um Ukes Nacken herum führt und über Ukes linke Schulter hinweg den eigenen Gürtel auf der rechten Seite faßt. Toris linke Hand wird dabei auf die Matte gestützt (Fig. 35).

40

Tate-sankaku-gatame   Klammerreitvierer

Tori liegt auf dem Rücken. Uke kniet zwischen Toris Beinen in der Schere. Aus dieser Situation gibt es zwei Ansatzmöglichkeiten für Tate-sankaku-gatame:

1. Tori kann sein rechtes Bein hinter Ukes Rücken bringen und seinen rechten Spann unter seine linke Kniekehle legen (Fig. 36).

Fig. 36-38

41

2. Faßt Uke z.B. mit seiner Hand unter Toris Oberschenkel hindurch (um das Bein zu heben und aus der Schere zu entkommen), kann Tori Sankaku-jime ansetzen, wobei sich Ukes Arm zwischen Toris Beinen befinden soll, um der Anwendung einer verbotenen Halsschere vorzubeugen.

Aus diesen Positionen kann Tori zum Haltegriff Tate-sankaku-gatame übergehen, indem er sich mit mäßigem Schwung auf seine linke Seite rollt.

Ohne die Sankaku-Verriegelung aufzugeben und ohne auf der linken Seite zu verharren, dreht sich Tori weiter, bis er auf dem Bauch liegt. Der Gegner wird von Toris Beinen mitgezogen (Fig. 37).

Sobald sich beide Partner soweit gedreht haben, daß Uke auf dem Rücken liegt und Tori im Sankaku-Reitsitz über ihm ist, ergreift Tori mit seiner linken Hand Ukes rechten Jackenärmel am Oberarm (Fig. 38). Gleichzeitig stützt Tori seine rechte Hand etwas weiter entfernt auf die Matte, um seine eigene Stellung zu stabilisieren.

Tori neigt seinen Oberkörper nach vorn. Er kann sich mit der Stirn einen zusätzlichen Halt verschaffen. Durch Beibehaltung der Sankaku-Verriegelung kann Uke nur schwer entkommen.

Verteidigung gegen Osae-komi-waza

Die Grundlage der Verteidigung gegen Haltegriffe besteht darin, die Beweglichkeit der eigenen Hüft- **und** Schulterpartie trotz der Bemühungen des Gegners zu erhalten. Der Verteidiger darf den Gegner nicht unbehindert so dicht an sich herankommen lassen, daß der Angreifer sich auf die Brust des Verteidigers legen kann. Es ist empfehlenswert, die eigenen Arme und/oder Beine möglichst immer zwischen sich und den Gegner zu bringen und diesen damit abzuwehren.

Wird man von der Seite angegriffen (Kesa-gatame, Yoko-shiho-gatame), ist es nicht günstig, flach auf dem Rücken liegen zu bleiben, sondern besser, eine seitliche Position - die sogenannte Dreieckstellung - einzunehmen:
Man dreht sich auf die dem Gegner zugewandte Körperseite und preßt an dieser Seite Knie und Ellenbogen gegeneinander. So lange man diesen Kontakt beibehalten kann, ist es für den Angreifer schwer, einen Haltegriff anzusetzen, zumal der Angegriffene sich auch mit dem anderen Arm und Bein gut nach dieser Seite verteidigen kann. Es ist wichtig, den Gegner daran zu hindern, um unser Genick zu fassen, weil er sonst unsere Schulterpartie kontrollieren kann. Bei der Verteidigung ist darauf zu achten, daß die Arme etwas angewinkelt dicht am eigenen Körper gehalten werden (Ellenbogen in Hüftnähe) und das Kinn angezogen wird, um dem Gegner keine unnötigen Armhebel- oder Würgechancen zu bieten.

Wird man vom Kopf her angegriffen (Kami-shiho-gatame), kann man den Gegner erfassen und den eigenen Unterkörper mit einer Dreivierteldrehung (eine Gesäßhälfte fungiert als Drehpunkt) an den Gegner heranschieben, so daß man wieder vor ihm in Dreieckstellung liegt. Eine andere Abwehrmaßnahme besteht darin, daß man sich dreht und (vorübergehend!) auf den Bauch legt.

Wird man von den Füßen her angegriffen, kann man entweder mit einer halben Drehung (Füße entfernen sich vom Gegner) wieder in die Dreieckstellung gelangen oder man klammert mit den Füßen ein Bein des Gegners (bzw. nimmt ihn in die Schere), um dadurch Ukes Beweglichkeit einzuschränken. Versucht der Gegner von der Seite her über uns zu gelangen (Tate-shiho-gatame), kann man ihn häufig durch eine Drehung zum Angreifer und Verteidigung aus der Dreieckstellung daran hindern. Ist es dem Gegner dennoch gelungen, über uns zu gelangen, kann man oft wieder entkommen, indem man ihn sofort nach der anderen Seite wieder herunterrollt. Die eigenen Beine können zum Klammern des Gegners oder zum Schwungholen eingesetzt werden.

Grundsätzlich ist es günstiger, sich **zum** Gegner zu drehen. Die Erfahrung zeigt, daß Versuche, sich vom Gegner wegzudrehen, meist nur eine willkommene Gelegenheit für den Gegner sind, um einen Haltegriff anzusetzen.

Nur durch ausdauerndes Üben und hinreichende Kampferfahrung erwirbt man allmählich eine hochwertige Verteidigungstechnik, die befähigt, blitzschnell und richtig zu entscheiden, wann es angebracht ist, den "Rückwärtsgang einzulegen" und aufzustehen, indem man sich wachsam vom Gegner entfernt, wann und wie man den Gegner zweckmäßig blockiert oder wann und wie man ihn durch Gegenangriffe verunsichert bzw. besiegt.

Shime-waza   Würgetechnik

Das Ziel dieser Griffe besteht darin, den Gegner durch Druck auf die Halspartie zur Aufgabe zu zwingen. Mit Hilfe von Judogi, Unterarm oder Bein werden hauptsächlich die seitlich am Hals liegenden großen Blutgefäße, aber teilweise auch indirekt Kehlkopf, Luftröhre oder Genick angegriffen. Durch starken Druck auf diese Blutgefäße kann die Zufuhr von arteriellem Blut zum Gehirn bzw. der Abtransport des venösen Blutes soweit vermindert werden, daß schlagartig Bewußtlosigkeit eintritt. Die Luftzufuhr wird dabei im allgemeinen kaum behindert. Ein direkter Angriff des Kehlkopfes ist ebenso wie Würgen mit den Fingern oder Verbiegen des Genicks nach hinten verboten.

Im Judokampf versucht man zwar, einen Würgegriff "auszuhalten", läßt sich aber nicht bis zur Bewußtlosigkeit würgen, sondern klopft rechtzeitig kräftig mit Händen und/oder Füßen ab. Das bei Armhebeln durchaus zweckmäßige "Haltrufen" ist bei Würgegriffen unzureichend, weil man durch die Bemühungen des Partners meist nichts mehr rufen kann.

Man unterscheidet sieben Würgegriff-Gruppen (s. S. 46), die teils nur mit Unterarm oder Unterschenkel, teils mit Hilfe von Ukes Judogi ausgeführt werden.

Beim traditionsreichen Ringkampf, beim Sambo und anderen Kampfsportarten ist Würgen verboten. Würgen kann daher als besonders charakteristisch für die Judotechnik gelten.

Sachgemäße Ausführung natürlich vorausgesetzt - ist Würgen wesentlich ungefährlicher als man annehmen könnte. In den letzten 25 Jahren ist kein einziger Fall bekannt geworden, bei dem jemand im Kampf durch Würgen Schaden erlitten hätte. Insofern ist ein Verbot von Würgegriffen (z.B. bei Schülern) unverständlich. Um die Verletzungsgefahr beim JUDO einzuschränken, ist bei allen Techniken eine gewisse Achtsamkeit (siehe Kanos Lehrsatz vom gemeinsamen Wohlergehen)

Shime-waza

Würgetechnik...

Juji-jime

durch **kreuzen** der Unterarme (Ukes Judogi mit beiden Händen erfassen)

Nami-juji-jime
Gyaku-juji-jime
Yoko-juji-jime
Kata-juji-jime
Tomoe-jime
Sode-guruma

Okuri-eri-jime

durch **zuziehen** (Ukes Revers mit beiden Händen erfassen)

Okuri-eri-jime
Gyaku-okuri-eri-jime

Kata-ha-jime

durch **verriegeln** (von hinten, unter Festlegung von Ukes Schultergelenk)

Kata-ha-jime
Kaeshi-jime
Gyaku-kaeshi-jime
Othen-jime

Hadaka-jime

Ohne Zuhilfenahme von Ukes Judogi

Hadaka-jime
Ushiro-jime
Sankaku-jime

Ryote-jime

Parallelgriff-Würgen (Ukes Judogi mit beiden Händen erfassen)

Ryote-jime
Maki-komi-jime
Kensui-jime
Kami-shiho-ryote-jime

Katate-jime

hauptsächlich mit **einer** Hand

Katate-jime
Ebi-jime
Tsuki-komi-jime
Hasami-jime

Ashi-jime

unter Zuhilfenahme eines oder beider Beine

Ashi-jime
Kagato-jime
Kami-shiho-ashi-jime
Kata-jime

46

erforderlich. Will jemand beim JUDO **jegliche** Verletzungsgefahr ausschließen, müßte er eher die Hebeltechnik und am besten auch gleich die gesamte Wurftechnik verbieten.

Würgegriffe von hinten (Okuri-eri-jime, Hadaka-jime, Kata-ha-jime) könnte man anwenden, wenn Uke vor einem sitzt oder kniet (wie Spötter meinen z.B. im Kino, im Theater, in der Kirche). Diese Positionen kommen aber bedauerlicherweise im Judokampf praktisch nie vor. Man sollte daher beim Üben (und bei Gürtel-Prüfungen!) auf "anmutige Würgegriff-Vorführungen an sitzendem Uke" verzichten und diese Griffe besser an einem auf Bauch oder Seite liegenden oder in der Bank knieenden Uke anwenden oder dann, wenn Tori auf dem Rücken liegt und Uke ihm dabei den Rücken zukehrend über ihm liegt und evtl. noch zwischen Toris Beinen eingeklemmt ist.

Juji-jime-Gruppe

Nami-juji-jime   **Kreuzwürgen**
(Narabi-juji-jime)

Als "Standardstellung" gilt die folgende: Tori sitzt im Reitsitz auf einem auf dem Rücken liegenden Gegner. Uke muß (dieser Grundsatz gilt für alle Würgegriffe!) in seiner Bewegungsfreiheit so weit eingeschränkt sein, daß er nicht ohne weiteres im Stande ist, zu entkommen oder den Angreifer abzuwerfen.

Tori ergreift mit beiden Händen (Unterarme gekreuzt und im Ellenbogengelenk gebeugt) Ukes beide Revers. Toris Daumen befinden sich an den Innen-, die Finger an den Außenseiten von Ukes Revers. Toris Hände gleiten soweit wie möglich an den Revers entlang zu Ukes Genick, so daß beide Handaußenkanten dicht an Ukes Halsseiten liegen. Oft ist es vorteilhafter, erst eine Hand in diese Position zu bringen und dann mit der anderen nachzufassen. in jedem Fall müssen die Hände so dicht wie möglich zu Ukes Nacken geschoben

werden. Tori spannt nun beide Handgelenke an und biegt die
Faustrücken nach oben. Der Griff wird wirksam, indem Tori die

Fig. 39

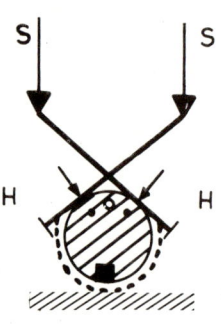
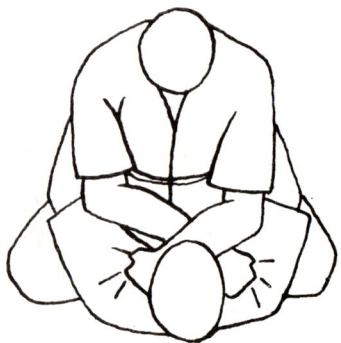

eigenen Ellenbogen - sich nach vorn beugend - in Richtung Uke
schiebt. Der Würgeeffekt entsteht an den Handkanten bzw. den
Außenseiten des Handgelenks (Fig. 39).
Der Griff ist auch möglich, wenn man sich neben einem auf
Rücken oder Seite liegenden Gegner befindet oder wenn Uke ein
Bein von Tori zwischen seinen Beinen geklammert hat.
Es ist wenig sinnvoll, Nami-juji-jime gegen einen Gegner
anwenden zu wollen, der sich über einem befindet, weil dieser
dabei nach hinten ausweichen kann.

Gyaku-juji-jime   umgekehrtes Kreuzwürgen

Dieser Würgegriff läßt sich ausführen, wenn man auf dem Rücken liegt und der Gegner sich zwischen Toris Beinen oder evtl. auch im Reitsitz über Tori befindet.

Gyaku-juji-jime kann man auch im Stand oder in knieender Position ausführen oder evtl. wenn man sich im Reitsitz über einem auf dem Rücken liegenden Gegner befindet.

Tori greift, die Unterarme kreuzend, in Ukes Revers. Die Finger beider Hände befinden sich innen, die Daumen außen. Tori läßt beide Hände gleichzeitig oder nacheinander an den Revers entlang zu Ukes Nacken gleiten und erfaßt - so tief wie möglich - Ukes beide Revers. Toris Handgelenke werden angespannt und die Fäuste etwas zum eigenen Körper gebogen - die angespannten Daumensehnen liegen seitlich an Ukes Hals (Fig. 40).

Tori drückt nun beide Ellenbogen in Richtung Uke, nähert den eigenen Oberkörper dem Gegner und zieht Uke mit beiden Händen an sich heran - der Würgegriff wird sofort wirksam.

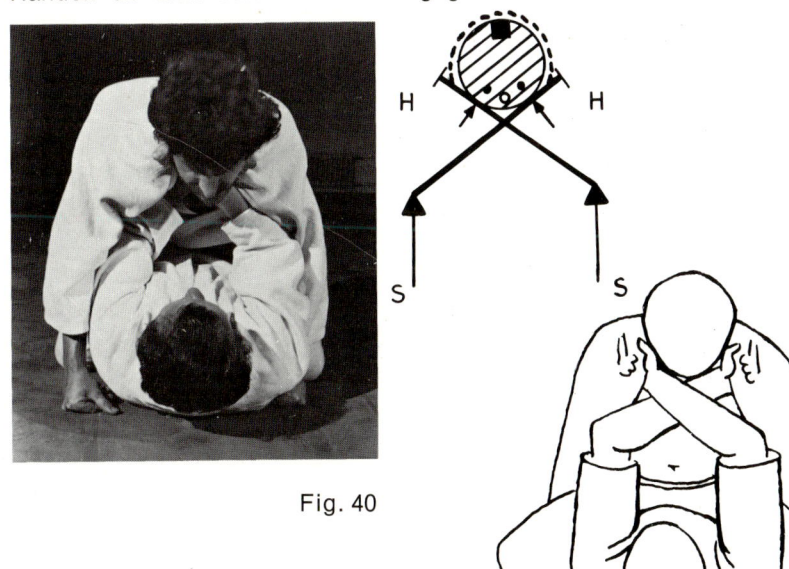

Fig. 40

49

Yoko-juji-jime

Versucht der Gegner, einem Gyaku-juji-jime-Ansatz zu entgehen, indem er sich zur Seite rollt oder gelingt es Uke, den beim Griffansatz über ihm befindlichen Tori seitlich abzurollen, so gilt der japanische Name Yoko-juji-jime für diesen (oder einen anderen) Kreuzwürgegriff, wenn er nach dem Rollen auf der Seite liegend vollendet wird.

Kata-juji-jime   Mischkreuzwürgen

Die Anwendung dieses Griffs ist möglich, wenn sich Tori im Reitsitz über einem auf dem Rücken liegenden Gegner befindet, zwischen dessen Beinen mit einem oder beiden Beinen kniet oder eine Position seitlich von Uke einnimmt.
Tori erfaßt mit der rechten Hand Ukes rechtes Revers (Finger außen, Daumen innen) wie bei Nami-juji-jime und schiebt die Hand möglichst weit in den Kragen hinein.

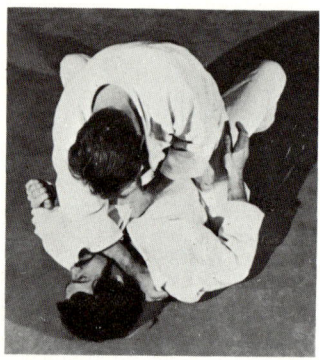

Fig. 41

Ein kampferfahrener Gegner wird nun seine andere Halsseite bzw. das andere Revers mit beiden Händen verteidigen, so daß man ihn dort nur schwer angreifen kann.
In dieser Situation faßt Tori unter dem eigenen rechten Unterarm hindurch in Ukes linkes Revers etwa 10-30 cm vom Hals entfernt, d.h. an einer "unverdächtigen" Stelle. Toris linker

Daumen befindet sich auf dem Revers, die Finger innen. Nun beugt Tori sich über den Gegner, schiebt den rechten Ellenbogen nach vorn in Richtung Uke und zieht die linke Hand - den Gegner evtl. etwas anhebend - stark zum eigenen Körper. Die Wirkung tritt sehr gründlich ein (Fig. 41).

Kata-juji-jime wird wegen seiner hohen Wirksamkeit und des Vorteils, daß eine Hand Toris nicht so tief in den Kragen von Ukes Judogi zu gelangen braucht, im Kampf häufig angewendet.

Kata-juji-jime ist in dieser Version den Techniken der Katate-jime-Gruppe ähnlich.

Dieser Griff kann auch in enger Fassung ausgeführt werden und stellt dann eine Kombination des Gyaku-juji-jime-Prinzips: Daumensehne gegen den Hals des Gegners ziehen sowie des Nami-juji-jime-Prinzips: Handaußenkante gegen Ukes Halsseite drücken, dar.

Tomoe-jime   Kreiswürgen

Tori liegt auf dem Rücken. Uke kniet vor oder zwischen Toris Beinen und hat die Hände auf den Boden aufgestützt oder Toris Beine bzw. Körper erfaßt.

Toris rechte Hand (Daumen innen) greift kurz unterhalb von Ukes linker Halsseite in Ukes linkes Revers. Toris linke Hand (Finger innen) greift ca. 10-20 cm unterhalb der eigenen rechten Hand ebenfalls in Ukes linkes Revers (Fig. 42).

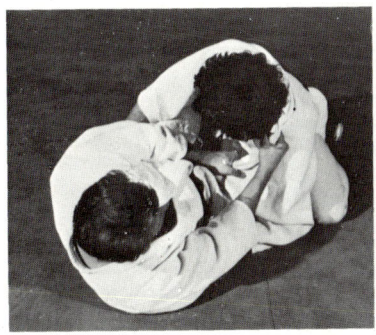

Fig. 42/43

Tori zieht Uke etwas in Richtung der eigenen rechten Körperseite oder er schiebt mit dem rechten Fuß Ukes linkes Knie zurück. Dabei bringt Tori seinen rechten Ellenbogen locker bzw. schnell und überraschend nach oben links, so daß zwischen seinen Armen eine schlingenartige Öffnung entsteht. Tori streift sodann seinen rechten Unterarm über Ukes Kopf bis seine rechte Elle an Ukes rechter Halsseite liegt. Tori verändert dabei die Fassung seiner Hände nicht (Fig. 43).

Der Würgegriff wird vollendet, indem Toris rechte Elle dicht am Handgelenk gegen Ukes Halsseite drückt, während Toris linke Hand gleichzeitig kräftig an Ukes Revers zieht. Die Wirkung des Würgegriffs ist am größten, wenn Toris rechter Ellenbogen unter ständigem Zug Toris linker Hand kreisbogenförmig in Richtung von Ukes linker Schulter angehoben wird.

Die Ausführung des Tomoe-jime wird erleichtert, indem Tori seinen Körper beim Ansatz der Technik nach links in einen Winkel zu Uke bringt.

Sode-guruma   Ärmelrad

Uke kniet oder liegt mit dem Bauch bzw. einer Körperseite auf der Matte. Tori hat eine gute Chance, den Griff anzusetzen, wenn er an Ukes linker Seite etwas hinter dem Gegner liegt oder kniet.

Fig. 44

Toris rechte Hand faßt vor Ukes linker Schulter und Hals vorbei so tief wie möglich in Ukes rechtes Revers (Daumen außen). Toris rechte Speiche liegt (dicht am Handgelenk) an Ukes linker Halsseite.

Toris linke Hand faßt über seinen anderen Unterarm hinweg auf Ukes rechter Schulter in den Stoff der Jacke, so daß sich Toris linke Elle hinter Ukes Nacken befindet (Fig. 44).

Hebt Tori jetzt seinen rechten Ellenbogen nach oben, während er den linken Ellenbogen nach unten drückt, wird der Griff wirksam. Dabei ist es zweckmäßig, wenn Tori (sich selbst nach vorn beugend) Uke an sich heranzieht.

Bei Sode-guruma sollte sich Tori immer auf der gegenüberliegenden Seite der Schulter, die Tori bei Uke erfaßt, befinden.

Okuri-eri-jime-Gruppe

Okuri-eri-jime   Kragenwürgen

Dieser Griff wird ausgeführt, wenn sich Tori hinter einem knieenden oder liegenden Gegner befindet. Eine weitere Möglichkeit, diese Technik anzuwenden hat man, wenn Uke mit dem Rücken auf Toris Bauch liegt oder Tori hinter Uke auf der gleichen Körperseite liegt.

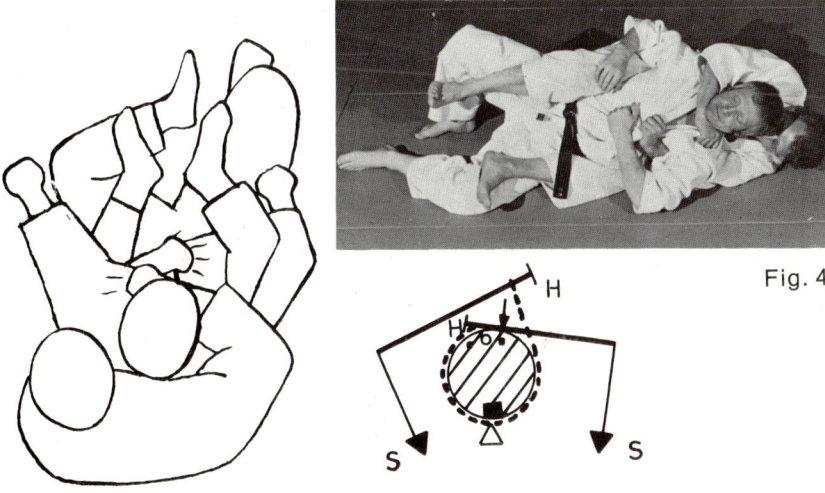

Fig. 45

Der Angreifer erfaßt mit der linken Hand - unter Ukes linker Achsel hindurch - Ukes rechtes Revers im oberen Drittel zwischen Hals und Gürtel (Daumen innen). Toris linker Unterarm liegt an Ukes linker Brust. Mit der rechten Hand greift Tori - über Ukes rechte Schulter hinweg - tief in Ukes linkes Revers dicht am Hals (Daumen ebenfalls innen). Die Sehne von Toris rechtem Daumen (Schnupftabaksehne!) liegt an Ukes rechter Halsseite. Ukes Revers sind um seinen Hals gespannt. Dreht Tori jetzt beide Handgelenke nach außen und schiebt er dabei die Ellenbogen zum eigenen Körper, wird der Gegner zur Aufgabe gezwungen (Fig. 45).

Gyaku-okuri-eri-jime   umgekehrtes Kragenwürgen

Kniet Uke z.B. in der Bank oder liegt er auf dem Bauch und befindet sich Tori vor Uke an dessen Kopfende, so hat er eine Chance zum Ansatz des Gyaku-okuri-eri-jime.
Tori lehnt sich über den Partner und drückt ihn mit der Brust nach unten, um zu verhindern, daß Uke seine volle Bewegungsfreiheit behält.

Fig. 46

Tori faßt mit der rechten Hand vor Ukes linker Schulter und Halsseite vorbei in Ukes rechtes Revers dicht am Hals (Daumen außen). Mit der linken Hand faßt Tori unter seinem rechten Unterarm hindurch in Ukes linkes Revers (Daumen ebenfalls außen).

54

Tori zieht nun seinen rechten Ellenbogen nach oben und seine linke Hand nach unten. Der Würgeeffekt wird hauptsächlich von Toris rechter Daumensehne erzielt.
Die gleiche Art zu würgen ist auch möglich, wenn sich Tori etwas seitlich von Uke befindet (Fig. 46).

Kata-ha-jime-Gruppe

Kata-ha-jime

Diese Würgegriffe zeichnen sich dadurch aus, daß Tori mit einer Hand in den Kragen des Gegners greift und würgt, während er mit der anderen Hand, unter Ukes Achsel hindurchfassend, Schulter und Hinterkopf bzw. Genick des Gegners blockiert.
Im Kampf ergeben sich Ansatzmöglichkeiten für Kata-ha-jime, wenn Tori auf dem Rücken liegt und Uke rücklings vor Toris Bauch geraten ist oder wenn beide Partner auf der gleichen Seite liegen und Tori sich hinter Uke befindet. Es ist auch möglich, den Griff auszuführen, wenn Tori sich hinter einem

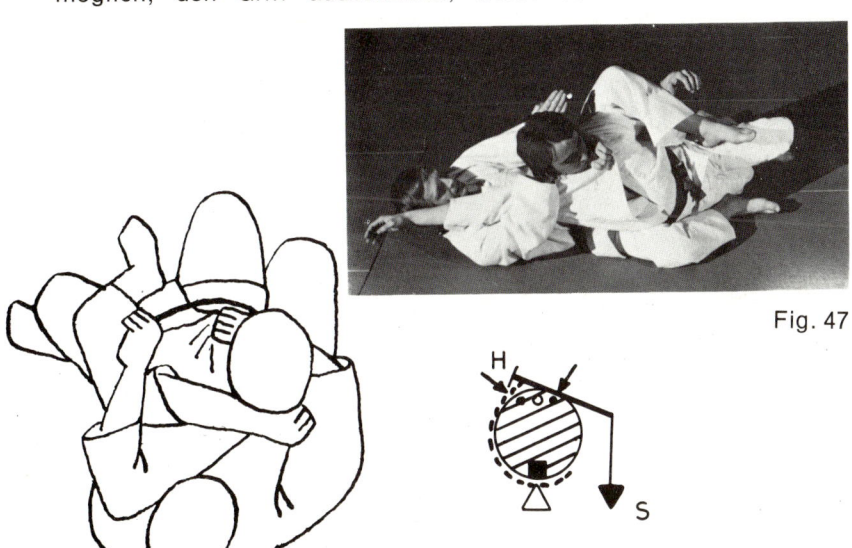

Fig. 47

(z.B. nach mißglücktem Seoi-nage-Ansatz) auf die Knie geratenen Gegner befindet.

Tori faßt mit der linken Hand über Ukes linke Schulter hinweg in Ukes rechten Jackenkragen möglichst dicht am Hals (Daumen innen). Die Handinnenkante bzw. die Daumensehne liegen an Ukes Halsseite. Gleichzeitig schiebt Tori den rechten Unterarm unter Ukes rechter Achsel hindurch und legt die rechte Handkante (Ukes rechten Arm dabei hochhebend) gegen Ukes Hinterkopf. Statt der Handkante kann auch der Handrücken benutzt werden, der stabil wird, wenn Tori die obersten beiden Fingerglieder und das Handgelenk anspannt und die Hand nach außen abwinkelt.

Der Zug der linken Hand und der Druck der rechten Handkante bzw. des Handgelenks bringen den Würgegriff zur Wirkung (Fig. 47).

Das Hindurchgreifen unter Ukes Achsel ergibt sich im Kampf bei dem beschriebenen Würgeansatz häufig von selbst, weil manche Gegner, um sich zu verteidigen, instinktiv nach oben, d.h. zu Toris Kopf fassen. Eine andere gute Gelegenheit für Kata-ha-jime ergibt sich, wenn Uke auf dem Bauch liegt und sich verteidigt. Tori robbt auf Ukes Rücken und führt den Griff wie beschrieben aus, wobei Uke zwar nicht immer zur Aufgabe gezwungen werden kann, häufig aber seine Verteidigungsstellung aufgeben muß.

Kaeshi-jime

Uke kniet in der Bank oder liegt auf dem Bauch. Tori kniet an Ukes Kopfseite, blickt zum Gegner und lehnt sich über diesen. Tori faßt mit der rechten Hand vor Ukes linker Schulter in Ukes rechtes Revers (Daumen außen). Es ist nicht erforderlich, das Revers dicht am Hals zu fassen, sondern es empfiehlt sich, (um Uke möglichst lange arglos zu halten), dieses Revers etwa in Brusthöhe zu erfassen.

Tori linker Unterarm gleitet unter Ukes rechter Achsel hindurch, sodaß Toris linke Handkante hinter Ukes Genick gelangt (Fig. 48). Tori legt sich jetzt kräftig auf den Gegner und rollt sich dann an Ukes rechter Seite - diesen über sich mitziehend (Fig.

Fig. 48-51

49) - nach links, bis der Gegner auf dem Rücken liegt (Fig. 50). Dabei empfiehlt es sich, das eigene Gesicht dicht am Gegner auf die Matte zu senken, damit einem Ukes Kehrseite nicht über die Nase rollt! Tori soll die Beine grätschen, den Unterkörper nach links wenden, bis er auf dem Bauch liegt und dann die Ballen aufsetzen.

Das Vorschieben von Toris linkem, hinter Ukes Genick befindlichen Arm und das Anziehen der rechten Hand erzeugen den Würgeeffekt (Fig. 51).

Das kampfmäßige Hauptproblem bei Kaeshi-jime ist das Umdrehen von Uke. Leistet dieser Widerstand, ist es oft hilfreich, wenn Tori mit seiner linken Hand den eigenen rechten Ärmel an der Ellenbogenbeuge erfaßt.

Manche Lehrer empfehlen, den linken Arm wegen der günstigeren Hebelverhältnisse zunächst nur bis zur Ellenbogenbeuge unter Ukes Achsel zu bringen und die Hand erst **nach** der Drehung hinter Ukes Genick zu schieben. Bei "Drehschwierigkeiten" nützt auch oft ein besonders tiefes "Tauchen" unter oder an Ukes rechter Achsel.

Gyaku-kaeshi-jime

Die Ausgangsstellung und die Faßart ist die Gleiche wie bei Kaeshi-jime. Tori erfaßt mit der rechten Hand Ukes rechtes Revers. Er führt den linken Arm bis zur eigenen Ellenbogenbeuge unter Ukes rechter Achsel hindurch und legt die linke Handkante hinter Ukes Genick (Fig. 52). Auch bei Gyaku-kaeshi-jime kann es nützlich sein, statt die linke Handkante hinter Ukes Genick zu legen, mit dieser Hand zunächst den Stoff der Jacke an der eigenen rechten Oberarm-Innenseite zu fassen.

Statt sich nun nach links zu drehen und Uke über sich zu rollen, zieht Tori Uke mit dem linken Arm über Ukes linke Schulter auf den Rücken (Fig. 53). Tori schiebt dabei seine Füße nach hinten zurück und rutscht (Uke unter sich "zusammenknautschend") auf den Bauch. Sowie Uke dadurch auf den Rücken kippt, schiebt Tori seinen linken Arm (jetzt soweit es geht!) hinter Ukes Genick, zieht dabei die rechte Hand an und würgt den Gegner (Fig. 54).

Gyaku-kaeshi-jime ist gut geeignet, einen "Umrollmufel", d.h. einen Gegner, der sich bei Kaeshi-jime gegen Toris Umrollbemühungen besonders widerspenstig verhält, elegant zu bezwingen.

Fig. 52-54

Im Kampf führt Gyaku-kaeshi-jime zwar nicht immer zur Aufgabe von Uke, ist aber eine sehr wirksame Methode, einen in der Bank- oder Bauchlage verteidigenden Gegner auf den Rücken zu drehen und dann z.B. festzuhalten.

Othen-jime   Rollbankwürgen

Uke kniet in der Bank. Tori steht oder kniet an Ukes linker Seite oder hat seinen rechten Fuß über Uke hinweg auf die Matte gestellt. Tori faßt mit der linken Hand (Daumen innen) in Ukes rechtes Revers. Toris linker Unterschenkel hakt von vorn Ukes linke Ellenbogenbeuge. Bei Widerstand des Partners (z.B. wenn sich Uke stark abduckt) arbeitet Toris linke Ferse als "Bohrmeißel".

Fig. 55/56

Toris rechter Arm wird über Uke hinweg unter dessen rechter Achsel hindurch geführt. Toris rechte Hand kann Ukes Ärmel fassen (Fig. 55) oder innen neben Ukes rechter Hand auf die Matte gesetzt werden.
Tori rollt nun wie bei einer Fallübung vorwärts über Uke und reißt den Gegner - durch sein eingehaktes Bein - dabei mit. Tori liegt jetzt hinter Uke und schiebt seine rechte Handkante hinter Ukes Genick (Fig. 56). Durch Anziehen der linken Hand wird der Würgegriff vollendet. Othen-jime führt zwar im Kampf

nicht immer zur Aufgabe des Gegners, hat sich aber als wirksame Umrolltechnik erwiesen, um Ukes Verteidigung in Bank- oder Bauchlage zu brechen.

Das Einhaken von Toris linkem Unterschenkel bringt Uke in eine Art "Zwickmühle": Läßt er zu, daß Tori seine linke Schulter nach oben bewegt, folgt Othen-jime wie beschrieben. Leistet er gegen Toris Überrollversuch Widerstand, indem er die linke Schulter nach unten preßt, droht Ashi-gatame.

Hadaka-jime-Gruppe

Hadaka-jime   Schränkwürgen

Hadaka-jime (jap. = nacktes Würgen) bedeutet: dieser Griff wird ausgeführt, ohne dabei Ukes Judogi zu benutzen, d.h. die Würgetechniken der Gruppe Hadaka-jime funktionieren z.B. auch, wenn Uke nackt ist.

Beim Ansatz des Hadaka-jime befindet sich Tori **hinter** Uke. Beide Partner können sich in stehender, kniender, sitzender oder liegender Position befinden.

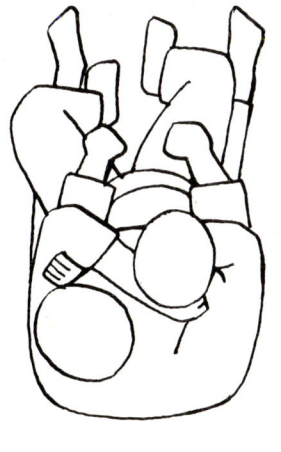

Fig. 57

Tori legt den rechten Unterarm über Ukes rechte Schulter hinweg um Ukes Hals, so daß sich Toris rechte Speiche an Ukes linker Halsseite befindet.

Tori legt nun seine linke Handgelenkrückseite (Daumen zeigt nach oben) gegen Ukes Hinterkopf. Toris rechte Hand faßt den eigenen linken Oberarm kurz oberhalb der Ellenbogenbeuge von innen (Toris rechter Daumen zeigt zu Toris Brust). Der Würgegriff kommt zur Wirkung, indem Tori den rechten Unterarm zur eigenen Brust zieht (nicht über den Kehlkopf, sondern seitlich am Hals würgen) und den Kopf des Gegners mit dem linken Handgelenk nach vorn drückt (Fig. 57).

Um dem Handgelenk die nötige Stabilität zu verleihen, empfiehlt es sich, die linke Hand zur Faust zu ballen, die Faust nach außen zu drehen und das Gelenk kräftig anzuspannen. Man kann auch mit der Handaußenkante (bei angespanntem Handgelenk) gegen Ukes Kopf drücken.

Ushiro-jime   Freies Würgen

Bei Ushiro-jime befindet sich Tori **hinter** Uke. Die Partner können auf der Seite, auf dem Rücken oder auf dem Bauch liegen. Man kann zwei Würgemethoden unterscheiden:

1. Tori umschlingt Ukes Hals mit dem linken Unterarm und spannt diesen einschließlich dem gestreckten Handgelenk und dem Daumen an. Mit der anderen Hand umfaßt Tori die eigene linke Handaußenkante von unten und zieht diese kräftig zur eigenen Brust. Der Würgeeffekt kommt durch Druck von Toris Speiche dicht am Handgelenk durch die "Schnupftabaksehne" zustande, wobei Tori seine linke Schulter ein wenig hinter Ukes Genick schiebt (Fig. 58). Er muß dabei darauf achten, daß Ukes Hals **seitlich** und nicht etwa am Kehlkopf (weil gefährlich und daher verboten) angegriffen wird.

2. Tori umschlingt Ukes Hals mit seinem rechten Unterarm von hinten. Er ballt die rechte Faust und erfaßt diese mit seiner anderen Hand an der Kleinfingerseite. Toris linker Ellenbogen

zeigt nach außen, sein linker Unterarm wird etwa in einer Linie mit Ukes Schlüsselbein gehalten. Drückt Tori nun die rechte Faust mit der linken Hand zur eigenen rechten Schulter, entsteht der Würgeeffekt nach dem "Nußknackerprinzip" (Fig. 59).

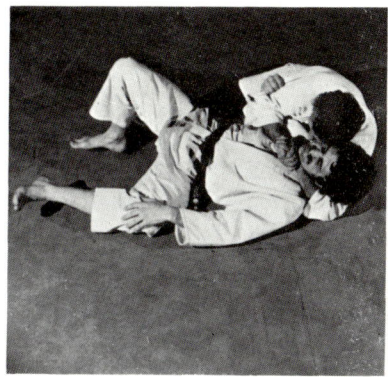

Fig. 58/59

Ushiro-jime wird in der ersten Form häufig angewandt, um einen auf dem Bauch verteidigenden Gegner anzugreifen: Uke schützt z.B. seinen Hals mit beiden Händen und hat den Kopf angezogen. Tori sitzt hinter Uke auf dessen Rücken, etwa am Gesäß.

Tori ergreift Ukes Gürtel mit beiden Händen (Abstand zwischen Toris Fäusten ungefähr eine Handbreite) und hebt Ukes Unterkörper etwa bis zur Bankposition an. Dabei schiebt er rasch beide Unterschenkel unter Ukes Leistenpartien und während er seine Hände senkt, in Richtung von Ukes Oberschenkeln nach hinten. Uke liegt nun wieder flach auf dem Bauch. Pendelt jetzt Tori mit seinem Oberkörper nach vorn, wobei seine Beine im Kniegelenk unbeweglich bleiben, ergibt sich, daß der Gegner seinen Kopf nach vorn schiebt und seinen Hals streckt, um den unangenehmen Druck, der durch Toris Bewegung entsteht, zu mildern. Diesen "Schildkröteneffekt" nutzt Tori zum Ushiro-jime-Ansatz, indem er seine Speiche unter Ukes Hals schiebt.

Sankaku-jime   Dreieckwürgen

Uke kniet zwischen Toris Beinen in der Schere. Er versucht zu entkommen, indem er mit seiner linken Hand Toris rechtes Bein faßt und es - um daran vorbei zu kommen - anzuheben versucht.

Tori vereitelt diesen Versuch, indem er seine rechte Wade über Ukes Genick legt. Sein rechter Unterschenkel befindet sich im rechten Winkel zu Ukes Wirbelsäule, die Fußsohle zeigt nach außen, die Zehen nach oben. Tori legt nun seine linke Kniekehle auf den Spann seines rechten Fußes und senkt den linken Unterschenkel. Auf diese Weise verriegelt er seine Beine. Preßt nun Tori seine Schenkel gegeneinander, entsteht der Würgeeffekt (Fig.60).

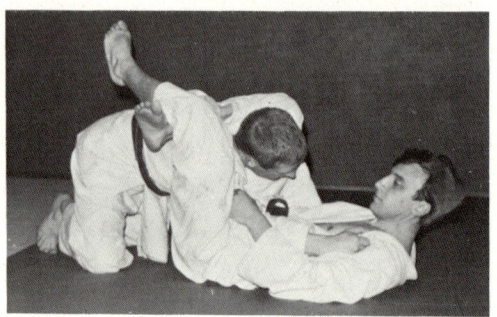

Fig. 60

Bei dieser typischen Sankaku-Position ist es wichtig, daß sich Ukes rechter Arm zwischen Toris Beinen befindet - andernfalls entsteht eine verbotene Würgetechnik.

Ryote-jime-Gruppe

Ryote-jime   Doppelristwürgen
(= Eri-jime)

Dieser Griff kann angewendet werden, wenn man sich direkt vor Uke oder seitlich von diesem befindet, d.h. im Stand, wenn

Uke kniet oder z.B. auf dem Rücken liegend, wenn sich Uke in der Schere befindet.

Tori faßt mit beiden Händen (Daumen innen, Finger außen) so tief wie möglich in Ukes beide Revers und ballt die Hände zur Faust (Handrücken zeigen zu Tori). Tori dreht nun beide Fäuste nach außen, so daß beide Faustinnenseiten zu Tori zeigen. Während dieser Bewegung bringt Tori seine Ellenbogen direkt vor Ukes Brust dicht zusammen, ohne den Griff beider Hände in Ukes Revers zu lockern. Die Knöchel beider Hände Toris pressen Ukes Hals (etwas durch den Stoff von Ukes Jacke gepolstert) direkt unterhalb der Kinnlade zusammen (Fig. 61).

Fig. 61

Maki-komi-jime   Drehwürgen

Maki-komi-jime ist beim Übergang aus dem Stand in die Bodenlage möglich. Dabei empfiehlt es sich, erst die linke Hand (Daumen innen) in Ukes Kragen zu bringen und dabei das Revers etwas zu lockern und nach oben zu schieben. Dann faßt Toris rechte Hand (Daumen außen) zu - Toris Hände berühren sich nach Möglichkeit.

Sofort anschließend dreht sich Tori und geht Yoko-wakare-ähnlich (siehe Taschenbücher des Judo Band II, **Die Judowurftechnik**, erschienen im gleichen Verlag) zu Boden (Fig. 62), bis er vor Ukes Füssen liegt. Er bringt den rechten Unterarm unter den linken und zieht - sich weiter in Bauchrichtung drehend - den Griff zu.

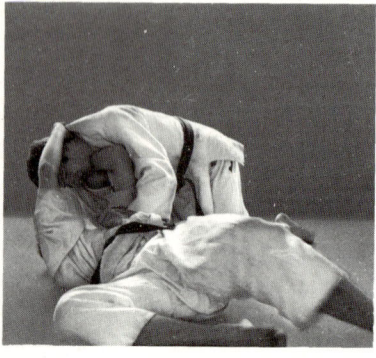

Fig. 62/63

Eine andere Ansatzmöglichkeit für Maki-komi-jime (Faßart wie beschrieben) ergibt sich, wenn Tori auf dem Rücken liegt und Uke seitlich z.B. mit Yoko-shiho-gatame anzugreifen versucht (Fig. 63).

Eine weitere interessante Ansatzmöglichkeit für diesen Griff ergibt sich, wenn Uke auf dem Rücken liegt und Tori sich zwischen Ukes Beinen in der Schere befindet.

Tori faßt (mit der in dieser Position gebotenen Vorsicht) mit beiden Händen so tief in die Revers des Gegners, daß sich beide Hände möglichst hinter Ukes Nacken berühren. Toris linker Daumen befindet sich innen, Toris rechter Daumen außen. Toris beide Unterarme sollen (das ist wichtig) Kontakt haben. Tori hebt jetzt sein Gesäß an, um sich zwischen Ukes Beinen Bewegungsfreiheit zu verschaffen.

Nun dreht sich Tori in einer Bewegung um 180° nach rechts, so daß sich seine rechte Elle vor Ukes Hals und sein rechter Ellenbogen vor Ukes rechter Schulter befindet. Tori liegt nach der Drehung mit dem Rücken auf dem Gegner - an Ukes Hals entsteht dabei der Würgeeffekt.

Kensui-jime   Fallristwürgen

Diese Würgetechnik wird beim Übergang aus dem Stand in die Bodenlage angesetzt. Tori und Uke stehen sich gegenüber. Tori faßt mit beiden Händen (Daumen innen) in Ukes Revers und

bringt die Hände hinter Ukes Nacken möglichst dicht zusammen.
Tori setzt jetzt Tomoe-nage mit dem rechten Bein an und zieht
den Gegner so herunter, daß dieser auf die Knie geht oder bis
auf den Bauch gerät. Dabei dreht sich Tori nach rechts, so daß
er etwa im rechten Winkel zu Uke liegt.
Tori legt jetzt seine linke Kniekehle auf Ukes Nacken und zieht
den Würgegriff an (Fig. 64).

Kensui-jime kann auch der
Gruppe Ashi-jime zugeord-
net werden.

Fig. 64

Kensui-jime ist insbesondere dann eine gute Kampftechnik,
wenn Toris Tomoe-nage-Ansätze durch schnelles zu Boden
gehen von dem Gegner verhindert werden.

Kami-shiho-ryote-jime
(= Kakae-jime)

Die Situation ist die gleiche wie bei Kami-shiho-ashi-jime, Tori
liegt auf dem Rücken, Uke hält ihn mit Kami-shiho-gatame,
indem er Toris beide Oberarme mit den Innenseiten der eigenen

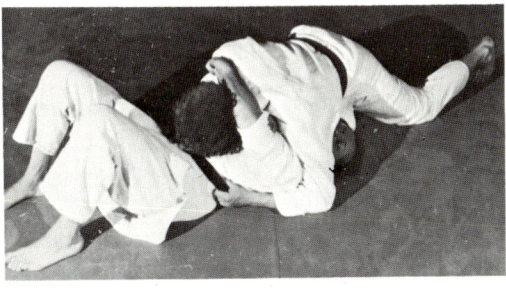

Fig. 65

67

Oberarme einklemmt und in Ukes Gürtel an dessen Körperseiten faßt. Der Griff ist auch für Sportskameraden geeignet, die sich weder durch lange Beine noch besondere Gelenkigkeit auszeichnen und daher mit Kami-shiho-ashi-jime schwertun.

Tori bringt seine rechte Elle unter Ukes Hals und faßt seine eigene Ärmelinnenseite am linken Oberarm dicht am Ellenbogen (Fig. 65). Mit der linken Hand faßt Tori - seine Speiche über Ukes Nacken legend - in seine rechte Ärmelaußenseite kurz unterhalb des Ellenbogens.

Dreht Tori jetzt seine beiden Faustrücken zu sich und verringert er dadurch den Abstand Speiche-Elle, entsteht der Würgeeffekt. Diese Würgetechnik kann man analog auch dann ausführen, wenn sich Tori im Reitsitz über Uke befindet.

Katate-jime-Gruppe

Katate-jime   Einhandwürgen

Dieser Würgegriff wird mit einer Hand ausgeführt. Eine günstige Ausgangsstellung für diesen Griff ist Kuzure-gesa-gatame. Hat z.B. der auf dem Rücken liegende Uke den normalerweise unter Toris linker Achsel befindlichen rechten Arm befreit, oder ist es Tori noch nicht gelungen, diesen Arm zu arretieren, kann Tori mit seiner linken Hand (üblicherweise Daumen innen) an Ukes linker Halsseite so tief wie möglich in Ukes Revers fassen. Drückt er jetzt seinen linken Ellenbogen zur Matte ohne die Kontrolle über Uke aufzugeben, entsteht durch Toris Elle dicht am Handgelenk der Würgeeffekt. In gleicher Weise kann man auch aus Hon-gesa-gatame (Fig. 66) würgen.

Eine weitere gute Ansatzmöglichkeit ergibt sich aus Gyaku-gesa-gatame, wenn Tori mit seiner rechten Hand (Daumen außen) in Ukes linkes Revers faßt und analog würgt, wobei er seine rechte Hüfte etwas zurückzieht.

68

Fig. 66

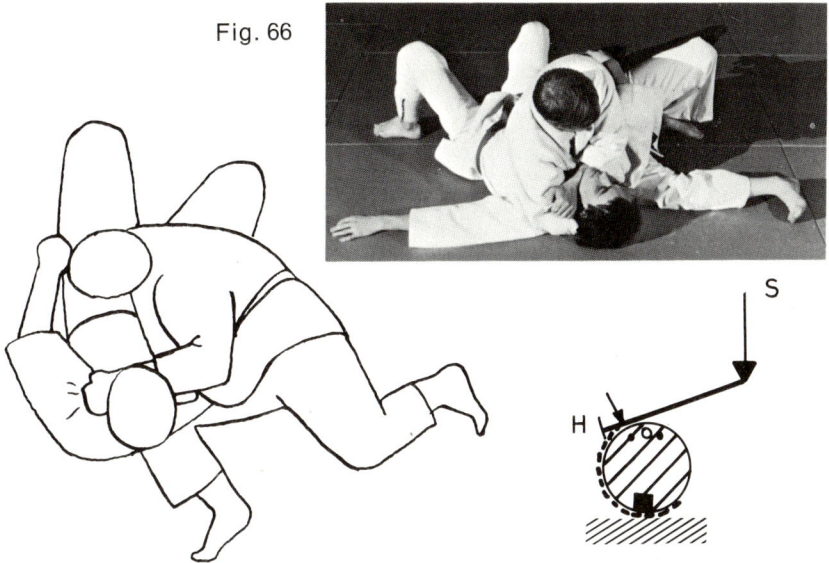

Versucht Uke beim Ansatz des Armhebels Juji-gatame den angegriffenen Arm mit seiner anderen Hand festzuhalten, um den Hebel zu verhindern, kann Tori Uke manchmal durch einen Katate-jime-Ansatz veranlassen, die andere Hand zur Verteidigung des Halses vom Arm fortzunehmen, sodaß der Hebel gelingt. Hält Uke seinen Arm lieber weiter fest, gelingt es auch gelegentlich, den Gegner in dieser Stellung mit Katate-jime zur Aufgabe zu zwingen.

Ebi-jime   **Krebswürgen**

Wenn Tori sich beim Bodenkampf zwischen Ukes Beinen befindet, d.h. in der Schere liegt, ist er im allgemeinen gut beraten, wenig offensiv zu sein und sich so schnell wie möglich aus dieser Position zu befreien, droht ihm doch die Gefahr durch Würgegriffe oder Armhebel, die sich für Uke geradezu anbieten. Hier soll jedoch eine Methode beschrieben werden, wie man aus der Schere entkommen und einen Würgegriff ansetzen kann.

Fig. 67/68

Zunächst empfiehlt es sich für den zwischen Ukes Beinen knieenden Tori, das Kinn auf die Brust zu senken und die Schultern hochzuziehen, um der Gefahr eines Würgegriffs zu begegnen.

Toris rechte Hand packt Ukes linken Ärmel, preßt ihn auf die Matte und blockiert somit Ukes linken Arm. Tori steckt seinen linken Unterarm unter Ukes rechtem Oberschenkel hindurch. Er hebt mit seiner linken Ellenbogenbeuge das rechte Bein des Gegners an und schiebt seine linke Hand (Daumen innen) in Ukes linkes Revers. Vor der Gefahr eines Hebels an seinem linken Arm schützt sich Tori dadurch, daß er diesen leicht anwinkelt und den Oberarm fest gegen Ukes rechten Oberschenkel preßt (Fig. 67).

Toris rechte Hand blockiert dabei meist noch Ukes linken Arm. Manchmal ist es erforderlich, daß Tori mit seiner rechten Hand das zum Würgegriff benötigte linke Revers des Gegners soweit lockert, daß seine linke Hand mühelos zupacken kann.

Sobald Toris linke Hand Ukes linkes Revers sicher gepackt hat, gleitet sein rechter Arm vorsichtig zwischen Ukes Schritt hindurch nach hinten. Hierbei ist Vorsicht geboten, damit Uke nicht in Versuchung geführt wird, einen Armhebel anzusetzen: Tori darf den linken Arm nicht strecken! Toris rechte Hand faßt Ukes Hosenboden oder Gürtel und hebt Uke an. Gleichzeitig senkt Tori seinen linken Ellenbogen in Richtung Matte, um hinreichenden Druck auf Ukes Hals auszuüben (Fig. 68).

70

Je nachdem, wie weit Tori mit seiner linken Hand in Ukes Kragen fassen konnte, muß Uke mehr oder minder stark angehoben werden, um Ebi-jime zu vollenden. Es ist wichtig zu beachten, daß Ukes Unterkörper nicht so stark angehoben wird, daß ein verbotener Genickhebel entsteht.

Gelingt der Würgegriff nicht sofort, hat Tori in der geschilderten Position oft die Möglichkeit, mit einer kreisförmigen Bewegung seines rechten Beins dicht über der Matte nach hinten aus der Schere herauszurutschen. Dabei legt er sich etwas auf die linke Seite und zieht den Kopf ein, um an Ukes rechter Körperseite vorbeizugleiten und einen Haltegriff (z.B. Kuzure-gesa-gatame) anzusetzen.

Eine Ebi-jime ähnliche Würgetechnik entsteht, wenn sich Tori an der rechten Seite eines auf dem Rücken liegenden Gegners befindet. Aus dieser Yoko-shiho-gatame-Position setzt Tori mit der linken Hand (Daumen innen) Katate-jime an und erhöht die Wirksamkeit des Würgegriffs, indem er sich nach links lehnt und Ukes Gesäß mit der rechten Hand anhebt.

Tsuki-komi-jime   Stützwürgen

Dieser besonders wirksame Würgegriff wird im Kampf häufig angewendet. Man erzielt den Würgeeffekt mit Hilfe der Jacke des Gegners hauptsächlich mit einer Hand.

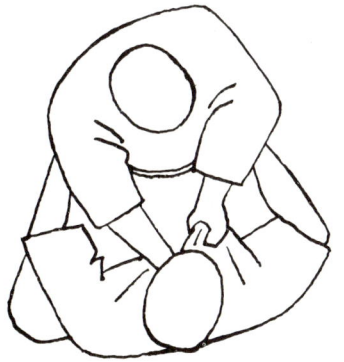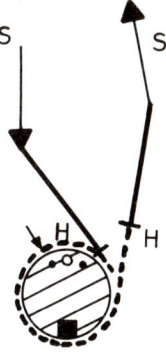

Fig. 69/70

Der Griff kann aus verschiedenen Positionen angewendet werden: In der Bodenlage oder wenn sich der Gegner im Stand oder im Kniestand befindet. Tori kann den Griff im Reitsitz oder neben einem auf dem Rücken liegenden Partner ausführen (Fig. 69) und ebenso, wenn sich Uke in der Schere oder neben Tori befindet, d.h. wenn Tori auf dem Rücken liegt.

Der Vorteil des Tsuki-komi-jime besteht im Kampf darin, daß Tori mit seinen Händen nicht so dicht an den Hals des Gegners herankommen muß, d.h. der Griff gelingt auch dann, wenn Uke seinen Halsbereich mit den Händen verteidigt.

Kniet Uke vor Toris Beinen, erfaßt Tori mit der linken Hand (Daumen innen) Ukes rechtes Revers etwa eine Handbreite unterhalb von Ukes Hals und zieht das Revers mit dieser Hand etwas nach außen. Mit der rechten Hand erfaßt Tori Ukes linkes Revers etwas weiter vom Hals entfernt (Daumen außen - Handrücken oben) und legt den Stoff der Jacke um Ukes Hals, indem er seine rechte Faust **unter** Ukes angezogenem rechten Revers an dessen Hals vorbei schiebt. Durch kräftiges Drücken des einen und Anziehen des anderen Arms wird der Griff wirksam (Fig. 70). Es ist zweckmäßig, wenn Tori seinen Oberkörper auf der Nichtwürgeseite schräg nach außen plaziert und seine rechte Schulter dabei anhebt.

Es ist zu beachten, daß der rechte Arm des Angreifers nicht völlig gestreckt werden darf, weil Uke sonst eine

72

Armhebel-Chance erhält. Die Befreiung aus diesem Griff durch Fortschieben der Arme wird Uke erschwert, wenn Tori seinen rechten Unterarm bei der Würgegriff-Ausführung in Kontakt mit Ukes Brust hält.

Es ist nicht sinnvoll, die rechte Faust **über** (statt unter) das angezogene rechte Revers des Gegners zu schieben, weil Uke sonst leicht Toris Faust nach außen wegreißen und sich aus dem Griff befreien kann.

Hasami-jime

Uke kniet in der Bank oder liegt auf dem Bauch. Tori befindet sich an Ukes linker Seite und faßt mit der rechten Hand (Daumen außen) vor Ukes linker Schulter vorbei in Ukes rechtes Revers.

Tori bringt seine linke Kniekehle hinter Ukes Nacken und arretiert Ukes rechte Schulter mit der linken Hand (Fig. 71). Zieht Tori jetzt seinen rechten Ellenbogen nach oben, wird der Würgegriff wirksam.

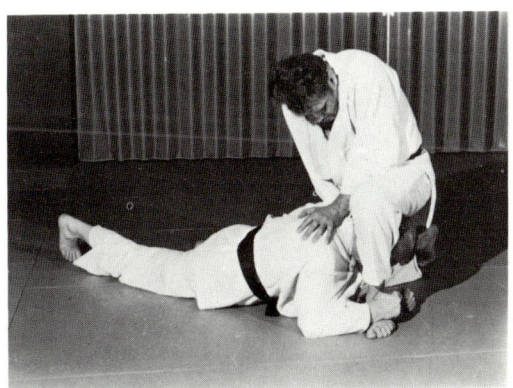

Fig. 71

Eine andere Möglichkeit für Hasami-jime ergibt sich, wenn Tori auf dem Rücken liegt, Uke sich an seiner rechten Seite befindet und z.B. Yoko-shiho-gatame-ähnlich angreift.

Ashi-jime-Gruppe

Ashi-jime

Beinwürgen

Unter diesem Namen versteht man einen Würgegriff, der mit Hilfe des eigenen Beins, ohne Ukes Judogi zu benutzen, ausgeführt wird.

Uke liegt in der Schere zwischen Toris Beinen. Toris linke Hand faßt z.B. Ukes rechten Jackenärmel in Ellenbogennähe, um ein Entkommen des Gegners nach rückwärts zu verhindern.

Da die Position zwischen Toris Beinen wegen drohender Hebel- und Würgegriffgefahr bei vergleichsweise geringer eigener Handlungsfreiheit für Uke etwas heikel ist, wird Uke z.B. versuchen, sich aus dieser Lage dadurch zu befreien, daß er seinen linken Arm unter Toris rechtem Oberschenkel von unten her durchsteckt und an Toris rechter Körperseite vorbei zukommen sucht. Bei dieser Aktion des Gegners gleitet Toris rechtes Bein nahezu automatisch auf Ukes linke Schulter bzw. hinter Ukes Rücken.

Fig. 72/73

Tori schiebt seinen Oberkörper ein wenig nach links, so daß er seine rechte Wade bequem auf Ukes Genick legen kann. Tori soll danach trachten, seinen rechten Unterschenkel parallel zum Schlüsselbein hinter Ukes Genick zu legen, um eine optimale Wirkung des Würgegriffs zu erzielen.

Tori ergreift jetzt mit der rechten Hand (Daumen unten, Finger oben) den eigenen rechten Fuß am Spann. Toris rechte Elle (dicht am Handgelenk) liegt an Ukes rechter Halsseite (Fig. 72). Die Wirkung des Ashi-jime hängt ab von der Intensität, mit der Tori seinen rechten Fuß zu sich nach unten zieht und seinen rechten Ellenbogen nach oben außen drückt.

Eine sehr wirksame Variante des Ashi-jime, die auch für kurzbeinige Kameraden geeignet ist, besteht darin, mit der **linken** Hand das eigene Schienbein zu fassen und mit der rechten Hand den linken eigenen Unterarm. Der Hebel wird wirksam, indem Tori seinen rechten Ellenbogen nach oben außen schiebt (Fig. 73).

Kagato-jime   Fußwürgen

Der Ansatz dieses Würgegriffs erfolgt in der Scherenposition, d.h. Tori liegt auf dem Rücken, Uke befindet sich zwischen Toris Beinen.

Fig. 74

Tori hat Ukes beide Revers erfaßt (Daumen innen). Uke faßt - um sich am Gegner vorbei zu mogeln und aus der Schere zu entkommen - mit der linken Hand unter Toris rechtem Oberschenkel hindurch und hebt diesen an.

In dieser Situation kann Tori oft seinen rechten Unterschenkel über Ukes Kopf hinweg, vor Ukes Gesicht vorbei unter den Hals des Gegers bringen (Fig. 74). Zieht Tori nun Ukes beide Revers nach unten und schiebt er seinen rechten Fuß schräg nach links oben, entsteht durch das Schienbein (besonders wenn Tori "Säbelbeinbesitzer" ist) ein höchst unangenehmer Würgeeffekt.

Kami-shiho-ashi-jime

Tori liegt auf dem Rücken. Uke hat mit beiden Armen um Toris Oberarme herum gefaßt und hält den Gegner mit Kami-shiho-gatame.
Tori bringt seinen linken Unterschenkel hinter Ukes Genick und faßt mit der rechten Hand das eigene linke Fußgelenk.
Tori bringt dabei seine linke Elle unter Ukes Hals und faßt den eigenen rechten Unterarm nahe am Handgelenk (Fig. 75).

Fig. 75

Tori drückt jetzt seinen linken Ellenbogen nach oben und zieht gleichzeitig mit der rechten Hand (den Ellenbogen nach außen schiebend) seinen linken Unterschenkel nach unten. Der Würgeeffekt entsteht an Ukes rechter Halsseite.

Kata-jime   Halsschere

Tori liegt auf dem Rücken. Uke kniet in der Schere und versucht zum Beispiel Toris rechten Oberschenkel anzuheben, um angreifen zu können.
Tori läßt Uke gewähren und legt dabei seine rechte Kniekehle auf Ukes linke Schulter. Dann hebt Tori sein linkes Bein (leicht

Fig. 76

gekrümmt) und legt die linke Achillessehne auf sein rechtes Schienbein dicht am Fuß. Toris beide Beine liegen jetzt um Ukes Hals, wobei Ukes rechter Arm zwischen Toris Beine gelangt. Ukes Hals befindet sich in Höhe von Toris Knien. Tori krümmt die Fußgelenke und Zehen beider Füße stark nach oben und verhakelt beide Füße. Streckt Tori jetzt beide Beine, entsteht durch diese "Schere" der Würgeeffekt an Ukes beiden Halsseiten (Fig. 76).

Scheren des Halses ohne Armeinschluß, analog zu Do-jime (Nierenschere, gleiche Technik um Ukes Bauch) ist regelwidrig.

Verteidigung gegen Shime-waza

Um einen Halsangriff zu überstehen, ist es nützlich, wenn der eigene Hals gut trainiert, d.h. die Halsmuskulatur stark genug ist, auch einem kräftigen Druck standzuhalten. Auch psychologische Gesichtspunkte spielen eine Rolle: Der Anfänger muß sich erst an den Gedanken gewöhnen, daß er im Rahmen seiner Freizeitgestaltung gewürgt wird und deswegen nicht in Panik zu geraten braucht.

Um den eigenen Hals zu trainieren und damit unempfindlicher zu machen, sei, abgesehen von der üblichen Halsgymnastik (siehe Taschenbücher des Judo Band I: **1x1 des Judo**, erschienen im gleichen Verlag) empfohlen, sich im Training möglichst häufig und ohne Abwehrmaßnahmen, zunächst sanft, dann mit einiger Kraft (z.B. von Jugendlichen) würgen zu lassen. Dabei ist die Aufsicht eines kuatsu-kundigen Danträgers erforderlich.

Beim Ertragen von Würgegriffen braucht man nicht allzu ängstlich zu sein, schlimmstenfalls wird man für einige Sekunden bewußtlos, meist gibt es nur ein paar Striemen bzw. Flecke am Hals, die schnell wieder verschwinden. (Man sollte aber nicht vergessen, nahestehende weibliche Personen **rechtzeitig** über deren Herkunft aufzuklären!) Bei hinreichender Übung kann das Halstraining so erfolgreich sein, daß der Betreffende praktisch fast nicht mehr abgewürgt werden kann. Bei allen Würgeangriffen ist es wichtig, sich die eigene Bewegungsfreiheit vom Gegner möglichst nicht rauben zu lassen, um dem Griffansatz durch Positionswechsel ausweichen zu können. Von Fall zu Fall ist es unterschiedlich, nach welcher Richtung z.B. eine Körperdrehung Erleichterung bringt. Man darf einem Angreifer den Hals nicht entgegenrecken, sondern sollte, wenn die Hände des Angreifers sich unserem Hals nähern, das Kinn auf die Brust pressen und beide Schultern hochziehen. Manchmal ist es dabei nützlich, die eigenen Revers, z.B. über Kreuz, zu erfassen. Manchmal ist es zweckmäßig, eine oder beide Hände zu Fäusten zu ballen und mit diesen bzw. der Unterarmpartie verhindern zu suchen, daß die Hände des Gegners zu unseren Revers oder Hals vordringen. Im übrigen ist der Angriff die beste Verteidigung.

Zur Abwehr von Würgegriffen sollte man durch häufiges Bodenkampftraining eine Art "Instinkt" entwickeln, wann, wo und wie der Gegner angreifen könnte, um möglichst frühzeitig zweckentsprechend reagieren zu können.

Kansetsu-waza   Hebeltechnik

Die Hebeltechnik dient dazu, Gelenke des Gegners anzugreifen, um Uke durch den bei der Ausführung der Griffe entstehenden Schmerz zur Aufgabe zu zwingen. Im sportlichen Kampf darf nur das Ellenbogengelenk (und - bei Ude-garami - in Verbindung damit das Schultergelenk) angegriffen werden. Im Ernstfall würde der Arm an seiner schwächsten Stelle - am Gelenk - verrenkt.

Man kennt **Streckhebel** = Ude-hishigi-gatame (Überdehnung des Gelenks entgegen der natürlichen Beugerichtung) und **Beugehebel** = Ude-garami (Verdrehung des Gelenks nach innen oder außen).

Tori soll einen Hebel zwar blitzschnell ansetzen, darf diesen aber nur relativ vorsichtig "anziehen". Anfänger sollten, sowie sie einen Schmerz fühlen, **sofort** durch lautes "Haltrufen" oder kräftiges "Abklopfen" mit der Hand und/oder dem Fuß aufgeben. Tori muß den Griff **augenblicklich** lösen.

Fortgeschrittene, erfahrene Kämpfer kennen meist genau den Moment, wo sie aufgeben müssen - trotzdem: Jeder Versuch, den Schmerz, der bei einem im Wettkampf angesetzten Hebel entsteht, zu "verbeißen", ist höchst gefährlich und kann leicht zu einer schmerzhaften Verrenkung und anschließendem Gipsverband führen (siehe "nachher" in **1x1 des Judo**, erschienen im gleichen Verlag).

Während man bei den Beugehebeln (Ude-garami) auf eine weitere Unterteilung verzichtet, teilt man die Streckhebel (Ude-hishigi-gatame) je nachdem wie und mit welchem Körperteil Tori den Hebel anzieht, in 6 Gruppen ein, siehe "Verrenkungskatalog" Seite 80.

Auf den Wortzusatz "Ude-hishigi-" als Kennzeichen für das Armstrecken (der bei den meisten japanischen Hebelnamen früher eingefügt wurde) verzichtet man heute, zumal im Judokampf nur **Arm**hebel erlaubt sind und daher eine Differenzierung zu "Ashihishigi-" (Hebel, die am Bein angesetzt werden) entfallen kann.

Kansetsu-waza

Ude-hishigi - einen gestreckten Arm angreifen....

Juji-gatame

mit der LEISTEN-GEGEND (etwa im rechten Winkel zum Gegner liegend, Ukes Arm zwischen den eigenen Oberschenkeln einklemmend)

Nami-juji-gatame
Kami-juji-gatame
Gyaku-juji-gatame
Yoko-juji-gatame
Othen-gatame

Hara-gatame

mit dem BAUCH

Hara-gatame
Gyaku-hara-gatame
Kuzure-hara-gatame

Ude-gatame

mit beiden HÄNDEN am Ellenbogen

Nami-ude-gatame
Mune-ude-gatame
Gyaku-ude-gatame
Hizi-maki-komi
Kuzure-hizi-maki-komi

Waki-gatame

mit einer KÖRPER—SEITE (Ukes Arm unter die eigene Achsel klemmend)

Waki-gatame
Gyaku-waki-gatame

Ashi-gatame

Mit Hilfe eines oder beider BEINE

Ashi-gatame
Hiza-gatame
Kami-hiza-gatame
Yoko-hiza-gatame
Ryo-hiza-gatame
Kesa-ashi-gatame

Kannuki-gatame

durch VERRIEGELN der Arme

Kannuki-gatame
Gyaku-kannuki-gatame
Mune-kannuki-gatame
Kami-shiho-kannuki-gatame
Ryo-kannuki-gatame
Kuzure-kannuki-gatame

Hebeltechnik

Ude-garami - einen gebeugten Arm angreifen.....

durch VERRIEGELN mit den HÄNDEN

Nami-ude-garami
Gyaku-ude-garami

mit Hilfe eines BEINS

Ashi-garami
Kesa-garami
Gyaku-gesa-garami

an einer KÖRPER-SEITE (Ukes Arm unter die eigene Achsel klemmend)

Waki-garami
Gyaku-waki-garami

über dem BAUCH

Hara-garami

Juji-gatame-Gruppe

Nami-juji-gatame   Leistenstreckhebel

Steht oder hockt Tori seitlich neben einem auf dem Rücken
liegenden Uke (z.B. nach einem nicht ganz gelungenen Wurf),
hat er eine gute Gelegenheit, diesen Griff anzusetzen.
Tori erfaßt Ukes Unterarm dicht am Handgelenk mit beiden
Händen und setzt sich, das Gesäß so dicht wie möglich an
Uke heranschiebend (und am Arm des Gegners ziehend), im
Winkel von etwa 90° zu Uke auf die Matte. Tori preßt dabei
seine Knie zusammen, so daß Ukes Arm auf Toris Bauch
festgelegt und zwischen Toris Beinen eingeklemmt ist. Tori geht
in die Rückenlage und zieht mit beiden Händen weiter an Ukes
Arm, Ukes Faust gegen den eigenen Körper pressend. Letztere
soll so gedreht sein, daß der Daumen nach oben zeigt. Hebt
Tori nun sein Gesäß leicht(!) an, wird der Hebel an Toris
Leistenbeuge wirksam (Fig. 77). In dieser Form, d.h. wenn Tori
beide Füße **vor** Ukes Oberkörper auf die Matte setzt, kann der
Hebel (z.B. nach einem Wurf) am schnellsten ausgeführt
werden, wobei es besonders wichtig ist, daß Toris Knie fest
zusammengepreßt werden und bleiben.

Fig. 77

Bei der Ausführung des Nami-juji-gatame ist es zweckmäßig,
das linke Bein über Ukes Kopf zu bringen, so daß Toris

Achillessehne an Ukes Hals liegt (Fig. 78). Diese Variante ist besonders dann angebracht, wenn Uke sich mit dem Oberkörper aufzurichten und zu entkommen versucht.

Fig. 78

Fig. 79

Tori schwingt also seinen linken Unterschenkel über Ukes Kopf. Hat Tori den Hebel zunächst wie zuerst beschrieben angesetzt, bleiben Toris Knie und Oberschenkel dabei in der vorherigen Position, d.h. die Bewegung erfolgt aus dem Kniegelenk. Der Unterschenkel wird zügig aber ohne Hast über Ukes Kopf geschwungen, wobei es nicht unbedingt erforderlich ist, Uke dabei mit der Ferse auf die Nase zu hauen.

Eine andere Möglichkeit für diese Form des Armhebels ergibt sich, wenn Tori Uke in Kuzure-gesa-gatame (Rechtsausführung) hält und Uke zu entkommen droht. Tori lehnt sich etwas nach rechts, bringt seinen linken Unterschenkel über Ukes Kopf und setzt den linken Fuß auf die Matte. Dann läßt sich Tori auf den Rücken rollen und führt den Hebel - sein rechtes Bein zurückziehend - wie beschrieben aus.

Bei supergelenkigen Zeitgenossen genügt manchmal das Anheben von Toris Gesäß nicht, um Uke zum Abklopfen zu veranlassen. In diesem Fall kann Tori Ukes Arm so drehen, daß der Handrücken zu Tori zeigt und den Hebel um Toris rechten Oberschenkel herum parallel zur Matte in Richtung von Ukes Gesäß anziehen (Fig. 79).

In anderen Kampfsituationen kann es vorkommen, daß Tori das rechte Bein über Ukes Brust legt (Fig. 80). Auch diese Stellung erschwert Uke das Aufstehen, ist aber im allgemeinen weniger günstig als die vorher beschriebene.

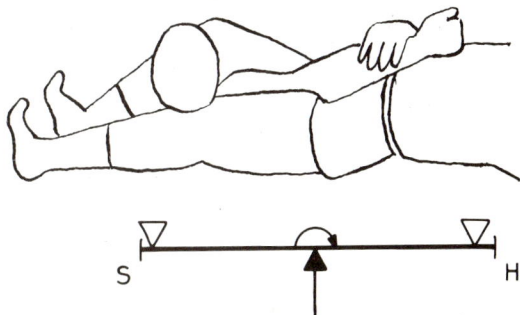

Fig. 80

Es kommt vor, daß Tori sich an Ukes Seite befindet und den Armhebel nicht anziehen kann, weil Uke den angegriffenen Arm mit der anderen Hand festhält. Um den Hebel dennoch vollenden zu können, gibt es - nachdem man seine Beine über Uke gelegt hat - mehrere Methoden. Hier einige Beispiele:

1. Tori bringt seinen rechten Unterarm unter Ukes Unterarm und schiebt diesen möglichst dicht zu Ukes Handgelenk. Toris rechte Hand wird zur Faust geballt und mit der anderen Hand erfaßt. Dreht sich Tori nun zur Seite, kann er Ukes Handgelenk aus dem Griff von Ukes anderer Hand in Daumenrichtung (bei der Rechtshänderversion zu Ukes Kopf) entwinden (Fig. 81).

Fig. 81

2. Mit dem linken und/oder rechten Fuß Ukes linken Oberarm nach außen schieben.
3. Ukes Unterarm durch eine an Hadaka-jime erinnernde Technik pressen und den Gegner so zum Loslassen zwingen.
4. Katate-jime ansetzen.

Kami-juji-gatame

Uke liegt auf dem Rücken. Tori befindet sich im Reitsitz über ihm. Faßt Uke mit der rechten Hand nach Toris Brust oder Hals und versucht zu würgen oder Tori wegzudrücken, hat Tori eine Chance zum Ansatz des Griffs.

Tori hebt sein linkes Knie und drückt es fest gegen Ukes rechten Oberarm dicht an der Schulter. Nun lehnt sich Tori etwas nach rechts und schwingt seinen linken Unterschenkel um Ukes Kopf herum, bis Toris Beinseite an Ukes linker Halsseite liegt (Fig. 82). Während dieser Bewegung faßt Tori Ukes Unterarm mit beiden Händen (oder der rechten Hand) ziemlich dicht am Handgelenk (oder er legt seinen Unterarm in Ukes Ellenbogenbeuge) und setzt sich an Ukes rechter Seite auf die Matte, so daß Toris Beine über dem Gegner liegen. Legt sich Tori nun mit dem Rücken auf die Matte, wobei darauf zu achten ist, daß Toris Gesäß möglichst dicht an Ukes Körperseite herangeschoben wird (an Ukes Arm ziehen), kann er unter Beachtung der bei Juji-gatame beschriebenen Einzelheiten den Kami-juji-gatame anziehen (Fig. 83).

Fig. 82/83

Eine andere Möglichkeit zum Ansatz dieses Hebels ergibt sich, wenn Tori auf dem Rücken liegt. Uke befindet sich in der Schere und greift Tori z.B. mit seinem rechten Arm mit einem Würgegriff an. Tori erfaßt Ukes Arm und schwingt seinen linken Unterschenkel über Ukes Kopf, so daß sich seine Kniekehle an Ukes linker Halsseite befindet. Tori drückt Uke mit dem linken Unterschenkel (unter Beibehaltung des Zugs seiner Hände) nach hinten zu Boden. Uke liegt auf dem Rücken, Toris beide Beine befinden sich über Uke, der Hebel an Ukes rechtem Arm wird angezogen.

85

Gyaku-juji-gatame   umgekehrter Leistenstreckhebel

Tori liegt mit dem Rücken auf der Matte. Uke kniet zwischen den Beinen des Angreifers und versucht Tori in dieser Position, z.B. mit dem linken Arm zu würgen. Tori erfaßt Ukes linken Arm dicht am Handgelenk (Fig. 84). Anschließend drückt Tori seinen linken Fuß gegen Ukes rechten Oberschenkel (oder gegen die Hüfte bzw. das Knie) und schiebt Uke damit so stark zurück, daß dieser schließlich etwa im rechten Winkel zu Tori kniet oder in die Bauchlage rutscht. Nun dreht sich Tori nach links, legt den rechten Oberschenkel von außen um Ukes linken Arm und schlingt den Unterschenkel so um Ukes Kopf, daß der Spann bzw. die Beinaußenkante oder Beinrückseite vor den Hals des Gegners gelangt (evtl. kann Tori den Fuß auch auf die Matte setzen). Drückt Tori jetzt Ukes Arm in Richtung der Handkante über die eigene rechte Leistenbeuge oder den Oberschenkel nach außen, wird der Hebel wirksam (Fig. 85). Bei der Ausführung dieses Griffs muß ständig an Ukes Arm gezogen werden, damit Uke sich nicht durch Einwinkeln des Arms im Ellenbogengelenk befreien kann.

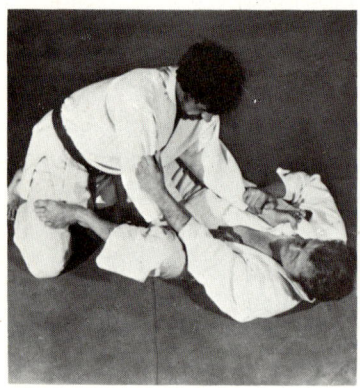 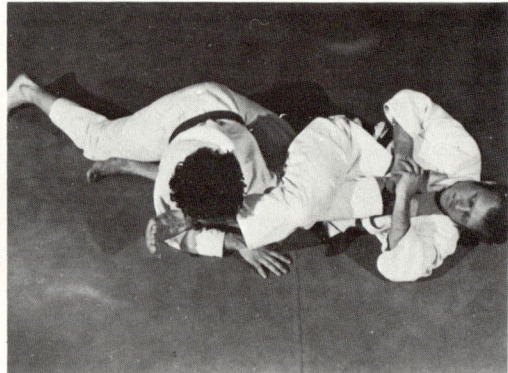

Fig. 84/85

Eine andere Möglichkeit zur Ausführung dieses Hebels ergibt sich nach einem von Uke abgeblockten Tomoe-nage-Ansatz (Fig.

86

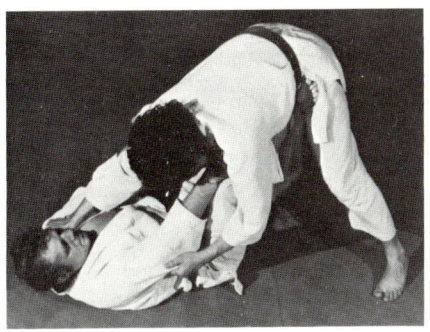

Fig. 86/87

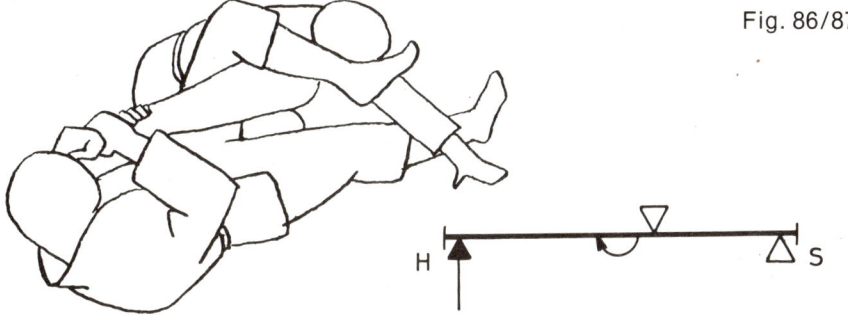

86). Hat Tori den Kopfwurf mit dem rechten Bein versucht, schwingt er nun seinen linken Unterschenkel über Ukes Kopf. Er zieht Ukes rechten Arm kräftig an sich heran - der Gegner kommt dabei meist weiter zu Boden, was durch Toris rechte Fußsohle, die Ukes linke Hüfte zurückdrückt, unterstützt wird. Zieht Tori nun Ukes rechten Arm in Richtung von Ukes Kleinfingerseite über die eigene linke Leistenbeuge, wird der Hebel wirksam (Fig. 87).

Yoko-juji-gatame
(= Yoko-ude-hishigi)

Uke liegt auf dem Rücken. Tori befindet sich im Reitsitz über ihm. Versucht Uke z.B. sich nach links zu drehen, um Tori abzuwälzen, kann Tori sein linkes Bein über Ukes Kopf schwingen (Fig. 88), seine linke Fußsohle aufsetzen und bäuchlings über Uke hinweg rutschen. Dabei hält Tori Ukes rechten Arm dicht am Handgelenk mit der linken oder beiden Händen fest. Liegt Tori schließlich auf der Seite oder auf dem Bauch, kann er in dieser Stellung den Hebel über die eigene Leistenbeuge anziehen (Fig. 89).

Fig. 88/89

In ähnlicher Art kann Tori manchmal den Gegner besiegen, wenn er Nami-juji-gatame ansetzt, der Gegner aber versucht, sich von Tori wegzudrehen, indem er den angegriffenen Arm mit der anderen Hand packt und ihn mit aller Kraft von Tori wegzuziehen bemüht ist. Tori läßt sich über den Gegner mitziehen und hebelt auf Bauch oder Seite über Uke liegend.

Eine weitere Variante ist möglich, wenn Uke in der Bank kniet. Tori steigt über den Gegner, zieht den unter sich befindlichen Arm von Uke hervor und hebelt, indem er etwa im rechten Winkel über Uke auf Bauch oder Seite rutscht.

Othen-gatame   Rollbankhebel

Uke kniet in der Bank. Tori befindet sich an Ukes linker Seite und hakt seinen linken Unterschenkel von vorn um Ukes linken Arm (Fig. 90). Toris rechter Fuß wird über den Gegner hinweg auf die Matte gestellt. Tori rollt nun, Ukes rechten Arm erfassend, wie bei einer Fallübung vorwärts (siehe auch Othen-

Fig. 90-92

jime) über den Gegner und zieht Uke dabei mit (Fig. 91). Der Gegner liegt schließlich auf dem Rücken. Toris rechtes Bein liegt über Ukes Bauch, Toris linkes Bein arretiert Ukes linken Arm. Tori kann den Hebel an Ukes rechtem Arm anziehen (Fig. 92).

Ude-gatame-Gruppe

Nami-ude-gatame   **Drehstreckhebel**

Uke liegt auf dem Rücken oder auf der rechten Seite. Tori kniet etwa rechtwinklig zu Uke an dessen rechter Seite. Eine Möglichkeit zum Ansatz der Technik ergibt sich, wenn Uke sich etwas nach rechts dreht und mit der linken Hand nach Toris rechtem Revers faßt, um Uke wegzuschieben oder einen Würgegriff anzusetzen. Tori dreht nun seine rechte Schulter nach innen und blockiert Ukes linkes Handgelenk, indem er dies mit dem Kinn festklemmt (dadurch wird gleichzeitig die Wirksamkeit eines Würgegriffansatzes gemindert). Tori drückt nun seine rechte Handinnenfläche von unten gegen Ukes Ellenbogengelenk oder kurz oberhalb davon. Toris linke Handinnenfläche wird (über Ukes Arm hinweg) auf den eigenen rechten Handrücken gepreßt.

Fig. 93/94

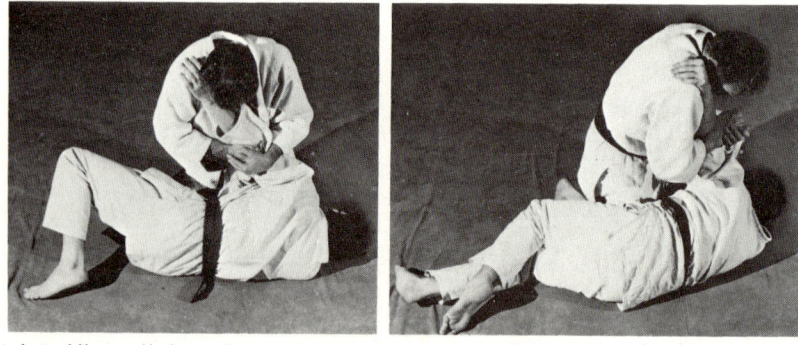

Ist Ukes linker Arm etwas gebeugt, schiebt Tori - um diesen zu strecken - Ukes Ellenbogengelenk mit beiden Händen (vor allem mit dem rechten Handballen) zunächst etwas nach oben

90

außen und dann im Kreisbogen zur eigenen Brust, bis Ukes Arm gestreckt ist. Während dieser Aktion bleibt Ukes Handgelenk an Toris Hals festgeklemmt.

Drückt Tori nun Ukes gestreckten Arm zur eigenen Brust, wird der Gegner zur Aufgabe gezwungen (Fig. 93).

Nami-ude-gatame kann in ähnlicher Art auch aus dem Reitsitz oder an der anderen Halsseite (siehe Zeichnung) ausgeführt werden.

Es ist auch möglich, den Hebel mit der eigenen rechten Elle (dicht am Handgelenk) anzuziehen, indem die andere Hand die Handkante umfaßt (Fig. 94).

Mune-ude-gatame
(= Mune-gyaku)

Eine andere Möglichkeit zum Ansatz eines Ude-gatame besteht, wenn Tori sich in Mune-gatame-Position über einem auf dem Rücken liegenden Uke befindet. Hat Uke seinen linken Arm ganz oder nahezu gestreckt, kann Tori den Arm an seiner rechten Halsseite blockieren und seine rechte Hand unter Ukes Ellenbogengelenk schieben. Mit der linken Hand faßt Tori, die Bewegung unterstützend, auf seinen rechten Handrücken und drückt (seinen linken Fuß eventuell über Ukes Kopf hinweg auf die Matte setzend) den linken Arm des Gegners zum eigenen Körper (Fig. 95). Den beschriebenen Hebel kann Tori auch recht gut aus Kuzure-gesa-gatame ansetzen.

Fig. 95

Aus diesen Positionen ist auch der Hebelansatz mittels der Elle (wie beschrieben, siehe Fig. 94) empfehlenswert.

Gyaku-ude-gatame   umgekehrter Drehstreckhebel
(= Udehishigi-henkawaza)

Tori liegt mit dem Rücken auf der Matte. Uke kniet zwischen Toris Beinen und versucht, Toris Hals anzugreifen, wobei er seinen linken Arm nahezu streckt.

Hat Uke, ohne den Arm ganz zu strecken, einen Würgegriff z.B. Tsuki-komi-jime angesetzt, kann Tori ihn häufig zum völligen Strecken des Arms verführen, indem er ihm etwas "vorröchelt". Häufig glaubt dann der Gegner, zum Erfolg des Würgegriffs fehlt nur noch eine Kleinigkeit und streckt seinen Arm bereitwillig.

Fig. 96

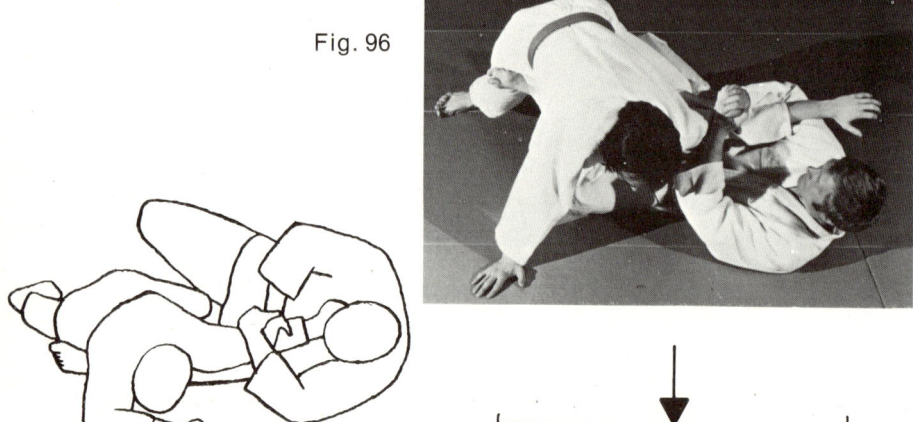

Tori setzt seine linke Fußsohle gegen Ukes rechtes Knie und erfaßt mit beiden Händen, wie bei Nami-ude-gatame beschrieben, Ukes linken Ellenbogen. Tori blockiert evtl. Ukes Handgelenk mit dem Kinn. Streckt Tori jetzt sein linkes Bein, so kann er Ukes rechtes Knie zurückschieben. Der Gegner rutscht dadurch auf den Bauch. Zieht Tori nun mit beiden Händen - der rechte Unterarm wird senkrecht gehalten - (oder unter Zuhilfenahme seiner rechten Elle) Ukes Ellenbogen in Richtung Matte nach unten, so entsteht der Armhebel (Fig. 96).

92

Hizi-maki-komi

Dies ist der Spitzname für eine Ude-gatame-Technik, die man im Stand anwenden kann.

Versucht der Gegner mit seinem linken weitgehend gestreckten Arm Toris rechtes Schulterblatt zu erfassen oder hat er normal gefaßt und hält Tori mit gestrecktem Arm von sich ab, hat Tori eine Chance zum Ansatz des Hizi-maki-komi.

Tori bewegt seinen rechten Unterarm von unten außen um Ukes gestreckten linken Arm herum, so daß Toris rechte Speiche (dicht am Handgelenk) kurz oberhalb von Ukes linkem Ellenbogen liegt. Tori legt seine Hände ineinander und faßt mit den Fingern der linken Hand um seine rechte Handaußenkante. Nun hebelt Tori Ukes Arm mit seiner Speiche zunächst nach oben und dann im Kreisbogen nach innen und an sich heran. Ukes linke Hand wird gegen Toris rechten Oberarm gepreßt oder - falls Uke losläßt oder den Arm hochzuheben versucht - zwischen Toris rechter Kinnseite und rechter Schulter eingeklemmt (Fig. 97). Bei zügiger Durchführung der Bewegung entsteht ein wirksamer Hebel, der Uke "blitzartig" abklopfen läßt.

Fig. 97/98

Aus der gleichen Situation kann Tori natürlich auch Hizi-maki-komi mit den Handinnenflächen ausführen. Tori kann Uke durch den Hebel zu Boden zwingen, indem er selbst mit einem Bein niederkniet (Fig. 98).

Eine andere Möglichkeit den Griff anzusetzen besteht, wenn Uke mit der rechten Hand versucht, um Toris Nacken zu fassen. Während Ukes Armbewegung, d.h. kurz bevor er zufaßt, also wenn Ukes Arm sich noch in der Luft befindet, hebt Tori seinen Oberarm und klemmt Ukes Arm kurz oberhalb von Ukes Ellenbogen in der eigenen Ellenbogenbeuge ein und führt Ukes Arm nach innen unten. Mit der anderen Hand kann Tori sein Handgelenk fassen und Uke durch den Hebel zur Aufgabe zwingen.

Kuzure-hizi-maki-komi

Unter dieser Bezeichnung versteht man einen Hizi-maki-komi, der beim Ansatz von Tomoe-nage, beim Übergang vom Stand in die Bodenlage, ausgeführt wird. Durch den Wurfansatz schiebt Tori Ukes Hüfte mit der eigenen Fußsohle zurück. Hält Uke Toris Revers dabei fest, streckt er meist einen Arm weitgehend. Tori setzt mit beiden Handinnenflächen den Hebel, wie beschrieben, an.

Ashi-gatame-Gruppe

Ashi-gatame   Beinstreckhebel

Ashi-gatame ist die Leittechnik der gleichnamigen Hebelgruppe und zugleich ein Sammelbegriff für Armhebel, die Tori mit Hilfe eines oder beider Beine ausführt.

Eine Ansatzmöglichkeit ergibt sich aus folgender Situation: Uke verteidigt auf dem Bauch, Tori befindet sich an Ukes linker

Seite und hakt mit seinem linken Unterschenkel Ukes linken Arm (meist in der Ellenbogenbeuge) von vorn - wie bei Othenjime beschrieben. Während Tori Uke mit seinem Oberkörper belastet und mit der linken Hand Ukes rechte Schulter zu Boden drückt, zieht er mit der linken Achillessehne Ukes Unterarm nach außen (Fig. 99). Schiebt Tori nun seinen Unterkörper gegen Ukes linken Ellenbogen und hebt er gleichzeitig seine linke Ferse an, wird Ukes Arm gestreckt und der Hebel wirksam (Fig. 100).

Fig. 99/100

Obwohl dieser Hebel von Tori mit dem Bauch angezogen wird, gehört er (ebensowenig wie Juji-gatame) nicht zur Hara-gatame-Gruppe.

Bei einer anderen Version des Ashi-gatame liegt Uke ebenfalls auf dem Bauch. Tori befindet sich - in die gleiche Richtung

Fig. 101

blickend - an Ukes rechter Seite. Es gelingt Tori mit seinem linken Unterschenkel Ukes rechten Arm vom Kopf her zu umschlingen. Drückt Tori nun mit der rechten Hand Ukes Arm gegen seinen Oberschenkel und nach oben, wird der Hebel wirksam (Fig. 101). Es empfiehlt sich, Uke mit der anderen Hand z.B. an dessen linker Schulter zu Boden zu drücken.

Hiza-gatame   Kniestreckhebel

Diese Technik wird ausgeführt, indem Tori Ukes Arm mit Hilfe der eigenen Kniepartie oder am Oberschenkel in Knienähe hebelt.

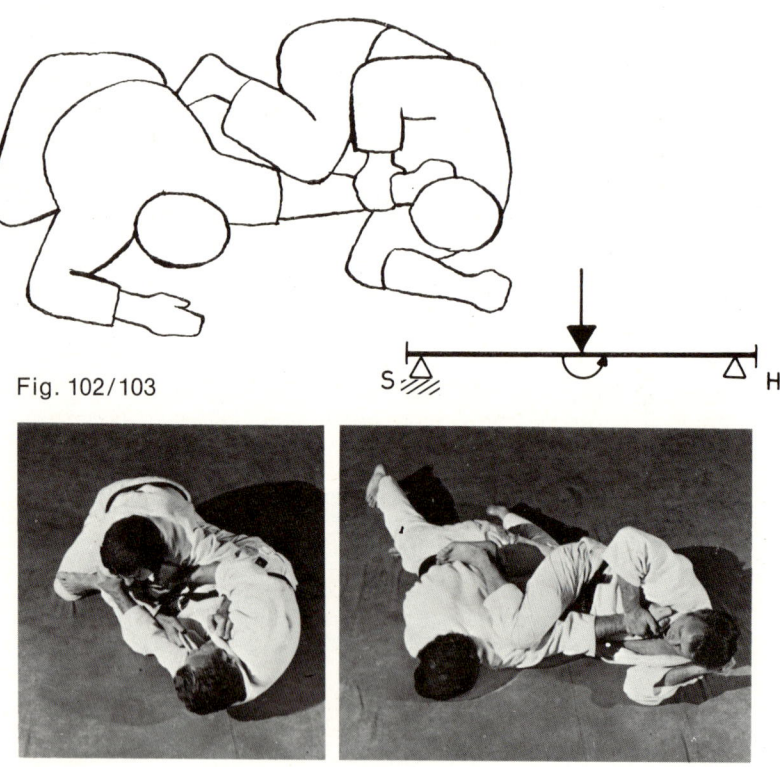

Fig. 102/103

96

Hiza-gatame läßt sich ansetzen, wenn Tori auf dem Rücken liegt und Uke zwischen Toris Beinen in der Schere kniet. Versucht Uke Toris Hals mit der linken Hand anzugreifen, setzt Tori seine linke Fußsohle gegen Ukes rechten Oberschenkel dicht am Knie. Tori dreht sich auf seine linke Körperseite und drückt das Knie des Gegners kräftig zurück, so daß Uke vornüber rutscht (Fig. 102).

Gleichzeitig erfaßt Tori mit der rechten Hand Ukes linkes Handgelenk, schiebt es gegen die eigene rechte Schulter dicht am Hals und blockiert Ukes Arm, indem er mit dem Kinn die Hand des Gegners gegen die eigene rechte Schulter preßt und festklemmt. Unmittelbar anschließend setzt Tori seinen rechten Fuß auf Ukes Hüfte bzw. Rücken. Drückt Tori nun in dieser Stellung mit der Innenseite des rechten Knies von oben auf Ukes Ellenbogen und in Richtung Matte, wird der Armhebel wirksam (Fig. 103).

Ukes Arm kann auch an Toris **linker** Schulter festgelegt werden, indem Tori Ukes Arm mit dem linken Unterarm umschlingt und verriegelt, wobei er noch zusätzlich das eigene rechte Knie fassen kann. Eine andere Festlegungsmöglichkeit für Ukes Arm besteht unter Toris rechter Achsel.

Wenn Uke aus der Scherenposition (z.B. mit Tsuki-komi-jime) besonders gierig würgt, kann Tori evtl. auch auf dem Rücken liegend Hiza-gatame anwenden, indem er den rechten Fuß hinter Ukes Rücken oder Genick bringt, Ukes Arm mit beiden Händen festhält und seine Knieseite dicht hinter Ukes Ellenbogen preßt, bzw. Ukes Handgelenk nach oben drückt.

Statt seinen Fuß auf Ukes Rücken zu setzen, kann Tori in dieser Situation auch den Spann dieses Fußes unter Ukes Hals schieben (siehe Gyaku-juji-gatame).

Winkelt Uke seinen Arm bei dem Würgegriff aus der Scherenposition an, kann Tori diesen oft strecken, indem er das Ellenbogengelenk mit beiden Händen (wie bei Ude-gatame beschrieben) von unten packt und kreisbogenförmig erst nach

Fig. 104

oben, dann zum eigenen Körper preßt und den Hebel schließlich mit Hilfe seines Knies vollendet.

Bei einer anderen Version des Hiza-gatame liegt Uke auf dem Bauch. Tori befindet sich an der rechten Seite des Gegners, ergreift Ukes rechten Arm und preßt das eigene linke Knie gegen Ukes rechten Oberarm kurz oberhalb des Ellenbogens. Tori zieht den Hebel an, indem er Ukes rechtes Handgelenk nach oben zieht (Fig. 104).

Kami-hiza-gatame

Fig. 105

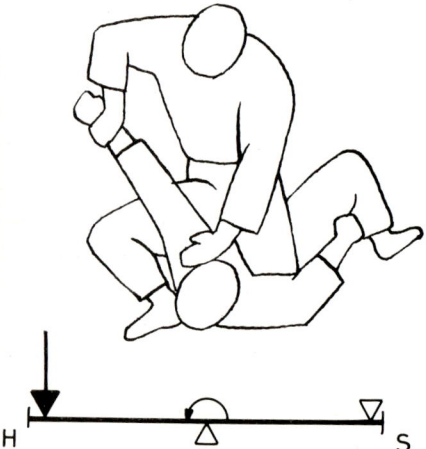

H   S

Uke liegt auf dem Rücken. Tori befindet sich im Reitsitz über dem Gegner. Eine Ansatzmöglichkeit für diesen Hebel ergibt sich, wenn Uke mit der rechten Hand nach Toris Hals fassen will. Tori kann oft mit der linken Hand Ukes rechtes Handgelenk ergreifen und Ukes Arm nach außen ziehen, bevor Uke gefaßt hat. Tori biegt anschließend oder in einer Bewegung Ukes Unterarm so über seinen linken Oberschenkel, daß mindestens Ukes Ellenbogen über Toris Oberschenkel hinaus ragt. Bei diesem nach-unten-drücken seiner linken Hand (in Gesäßrichtung sollte sich Tori nach vorn neigen und mit der rechten Hand auf Ukes rechter Schulter abstützen, um Ukes Schulter zu blockieren und zu verhindern, daß Uke sich durch Aufrichten befreien kann (Fig. 105).

Yoko-hiza-gatame

Es ist auch möglich, Hiza-gatame anzuwenden, wenn Tori **neben** dem auf dem Rücken liegenden Gegner kniet. Befindet sich Tori an Ukes rechter Seite, hebelt er Ukes rechten Arm über seinen (Uke nahen) rechten Oberschenkel. Toris rechte Hand blockiert dabei Ukes rechte Schulter (Fig. 106). Toris Gesäß muß tief gehalten werden, Toris linker Fuß kann auch auf die Matte gesetzt werden.

Fig. 106/107

Bei einer weiteren Yoko-hiza-gatame-Version hebelt Tori Ukes Arm über seinen **anderen** Oberschenkel und preßt den Unterschenkel des Uke nahen Beins auf Ukes Brust (Fig. 107).

Ryo-hiza-gatame   Doppelter Kniestreckhebel

Für Leute, die 5 m groß und 8 Zentner schwer sind, ergibt sich aus dem Reitsitz auch die Möglichkeit, Ukes **beide** Arme über Toris jeweils neben dem liegenden Gegner befindliche Oberschenkel zu biegen (Fig. 108). Es ist günstiger, Ukes Arme nach hinten in Gesäß-Richtung zur Matte zu biegen, als nach außen.

Fig. 108

Kesa-ashi-gatame   Schärpenstreckhebel

Tori hält Uke in Kesa-gatame oder Kuzure-gesa-gatame. Wenn es Uke gelingt, seinen unter Ukes Achsel befindlichen Arm in Richtung Matte freizubekommen, hat Tori eine Chance, den Hebel anzusetzen. Er braucht dazu lediglich Ukes (unmittelbar nach dem Entkommen häufig gestreckten) Arm über seinen an Ukes Seite befindlichen Oberschenkel zu hebeln, wobei Toris Oberschenkel sich kurz oberhalb von Ukes Ellenbogen befinden soll (Fig. 109).

Ist Uke ein kräftiges Kerlchen, so daß Toris Armkraft allein nicht ausreicht, den Hebel zu vollenden, kann Tori sein linkes Knie zur Hilfe nehmen. Benötigt. Tori seine linke Hand noch dringend, um einen "dynamischen Uke" zu bändigen, gelingt es manchmal, den Hebel lediglich mit den Beinen auszuführen, indem Tori sein linkes Knie (dicht am Handgelenk) auf Ukes Unterarm preßt.

Fig. 109

Voraussetzung für Kesa-ashi-gatame ist, daß Uke seinen Arm für einen Moment gestreckt oder annähernd gestreckt hält. Der Ansatz des Hebels muß im günstigen Augenblick besonders schnell und überraschend erfolgen.

Achtet Uke darauf, seinen Arm stets gebeugt zu halten, ist Kesa-ashi-gatame zwar nicht möglich, dafür funktioniert aber oft Kesa-garami.

Hara-gatame-Gruppe

Hara-gatame   Bauchstreckhebel

Eine Möglichkeit zum Ansatz dieser Technik bietet sich, wenn Uke in der Bank kniet und die Hände auf die Matte stützt oder wenn er auf dem Bauch liegt. Tori kniet oder liegt an Ukes linker Seite, faßt mit der rechten Hand Ukes linken Oberarm an der Innenseite und drückt den rechten Unterarm hinter Ukes Genick (Fig. 110).

Toris linke Hand faßt Ukes Speiche (nahe Handgelenk), zieht Ukes Hand dicht über der Matte nach außen und drückt den Arm des Gegners mit dem Bauch nach unten. Uke rutscht

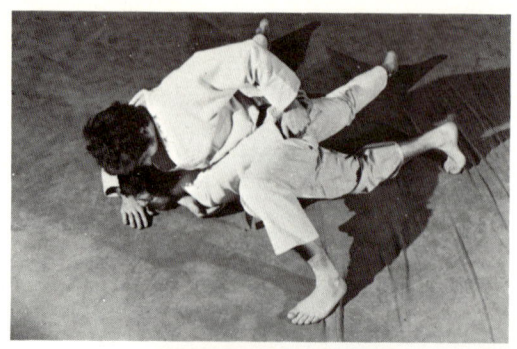

Fig. 110-112

dadurch in die Bauchlage. Tori folgt und kann Uke in dieser Lage durch Bauchdruck und Anziehen der linken .Hand zur Aufgabe zu zwingen.

Es ist nicht immer erforderlich, daß Tori mit der rechten Hand Ukes Schulter erfaßt, sondern er kann sich auch vor Uke auf der Matte abstützen (Fig. 111). Wenn sich Tori neben dem Gegner befindet, kann Hara-gatame in gleicher Faßart auch aus dem Knien (Fig. 112) oder im Stand ausgeführt werden.

Gyaku-hara-gatame   Umgekehrter Bauchstreckhebel

Tori und Uke liegen parallel nebeneinander auf dem Rücken. Tori befindet sich an Ukes linker Seite, ergreift Ukes linken Arm dicht am Handgelenk und zieht Ukes Arm über seinen Bauch. Gleichzeitig verhakt Tori seinen rechten Unterschenkel an Ukes linker Oberschenkelinnenseite. Tori erfaßt mit der rechten Hand Ukes linkes Revers und drückt die Elle gegen Ukes linke Halsseite. Dadurch ist Ukes gestreckter Arm an Hand und Schulter festgelegt. Der Hebel kommt durch Vorschieben von Toris Bauch und Zug der Hand zur Wirkung (Fig. 113).

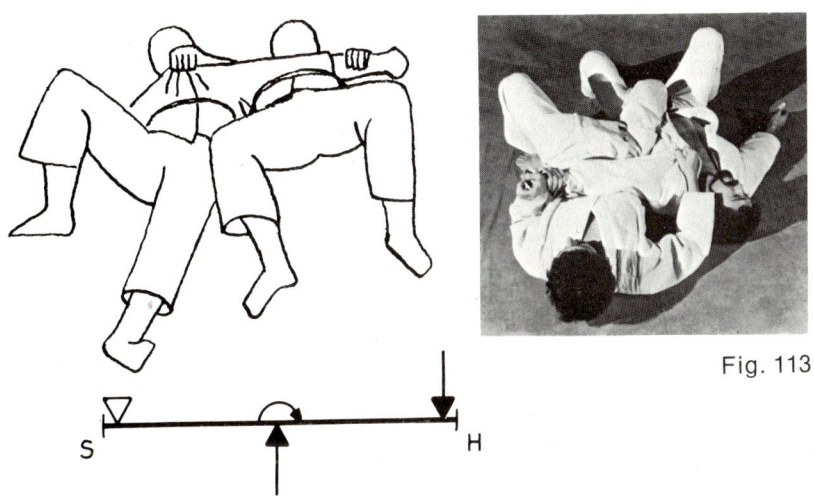

Fig. 113

Liegen beide Kämpfer mit dem Rücken auf der Matte, kann der Griff besonders dann vorteilhaft angewendet werden, wenn sich Uke zum Angreifer dreht und nach diesem zu fassen versucht.

Kuzure-hara-gatame

Liegt Tori an Ukes rechter Seite in einer Kesa-gatame-Position und gelingt es Uke dabei, Tori nach hinten aus der Balance zu bringen, ist manchmal folgende Variante des Gyaku-hara-gatame möglich: Tori faßt mit der linken Hand Ukes rechtes Handgelenk. Toris rechte Hand faßt auf oder unter Ukes rechte Schulter. Durch Anheben des Bauches und Herunterziehen der linken Hand wird der Hebel wirksam.

Fig. 114

Eine andere Ansatzmöglichkeit besteht aus Kuzure-gesa-gatame, wobei Tori seinen linken Fuß über Ukes Kopf hinweg auf die Matte stellt (Fig. 114).

Waki-gatame-Gruppe

Waki-gatame   Achselstreckhebel

Dieser Name bezeichnet Streckhebel, die Tori mit seiner Achsel bzw. Körperseite ausführt (Waki jap. = Achsel, Flanke).

Wenn Uke in der Bank kniet und sich mit beiden Händen abstützt, hat Tori eine Gelegenheit, Waki-gatame anzusetzen, wenn er sich an der linken Seite des Gegners befindet und in die gleiche Richtung blickt wie Uke. Tori greift mit dem rechten Arm über Ukes linken Arm hinweg und setzt die Hand auf die Matte. Toris linke Hand (bzw. der Unterarm) blockieren Ukes linkes Handgelenk (Fig. 115). zieht Tori nun Ukes Handgelenk nach oben außen und drückt er dabei seine rechte Achsel auf Ukes Oberarm, wird der Hebel wirksam und Uke rutscht in die Bauchlage. Tori sollte seine Beine bei der Ausführung des Griffs wie bei Kesa-gatame weit grätschen.

104

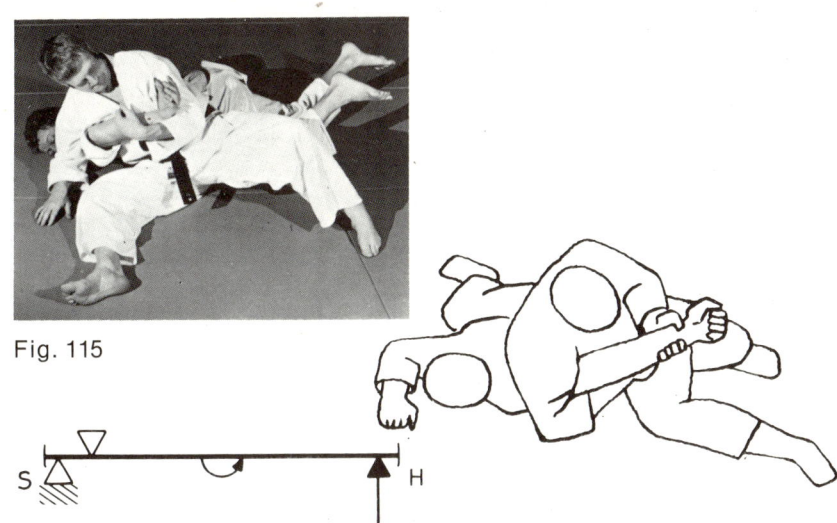

Fig. 115

S   H

Waki-gatame kann auch beim Übergang vom Stand in die
Bodenlage ausgeführt werden, wenn Uke z.B. versucht, Tori
durch Strecken des linken Arms von sich abzuhalten. Tori
klemmt Ukes linkes Handgelenk mit beiden Händen zwischen
Daumen und Zeigefinger seiner Hände fest und faßt mit den
Fingern um Ukes Unterarm. Ukes Arm wird - unter anhaltendem
Pressen von Toris Händen - nach innen gedreht, bis sich Uke
"bückt", wobei der linke Oberarm des Gegners unter Toris
rechte Achsel gerät. Tori schiebt jetzt sein rechtes Bein Kesa-
gatame-artig nach vorn über die Matte und geht vorsichtig(!) mit
seiner rechten Hüfte zu Boden. Uke macht dadurch eine
"Bauchlandung" und rutscht mit dem Gesicht auf die Matte.
Der Hebel wird wie beschrieben angezogen.
Eine andere Ansatzmöglichkeit für Waki-gatame ergibt sich z.B.
aus Kuzure-gesa-gatame. Uke liegt auf dem Rücken; Tori an
Ukes rechter Seite. Der Festgehaltene versucht Tori mit seinem
linken Arm, verbunden mit einem Halsangriff, fortzuschieben
(Fig. 116). Tori läßt mit der rechten Hand los und weicht dem
Druck des Gegners aus, indem er zu seinen Füssen blickt und
den Oberkörper etwas nach links dreht.

Fig. 116-118

Drückt Uke nun durch diesen "Erfolg" ermuntert weiter, schlingt Tori seinen rechten Arm von außen um Ukes linken Arm (Fig. 117). Tori faßt mit der linken Hand Ukes Unterarm und bringt seine rechte Achsel über Ukes linken Oberarm. Toris rechte Hand kann ebenfalls Ukes linken Unterarm erfassen - meist genügt es jedoch, Ukes Arm mit der rechten Elle dicht am Handgelenk festzuklemmen.

Eine Fortsetzung von Toris Körperdrehung (Toris Oberkörper bleibt stets nach vorn gebeugt, weil ihn Uke sonst nach rückwärts umschubsen kann) zwingt den Gegner zur Aufgabe (Fig. 118).

Gyaku-waki-gatame   Umgekehrter Achselstreckhebel

Dieser Griff kann z.B. aus der Kami-shiho-gatame-Position entstehen oder in Gyaku-gesa-gatame-Haltung ausgeführt werden,

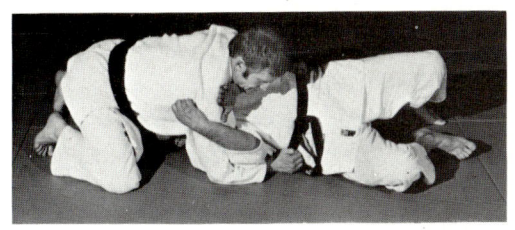

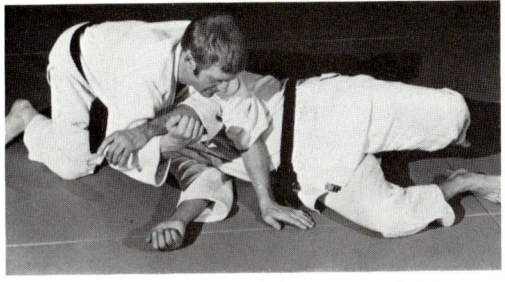

Fig. 119-121

wenn Uke auf dem Rücken liegt und sich nach rechts auf den
Bauch zu drehen sucht (Fig. 119).

Tori schiebt seinen linken Arm über Ukes angehobene linke
Schulter hinweg und bringt seine Achsel über Ukes Arm. Tori
umschlingt Ukes Oberarm mit dem eigenen linken Oberarm und
setzt die linke Hand auf die Matte (Fig. 120). Toris rechte Hand
(oder Toris rechter Unterarm) faßt (oder klemmt) Ukes linken
Arm dicht am Handgelenk. Zieht Tori den eigenen rechten
Unterarm etwas nach oben und an sich heran und drückt er
dabei gleichzeitig seine linke Achsel auf Ukes linken Oberarm,
wird der Hebel wirksam (Fig. 121).

Eine andere Version des Gyaku-waki-gatame wird angesetzt, wenn Tori in der Bank kniet. Uke befindet sich hinter ihm und faßt um Toris Bauch. Tori klemmt einen Arm Ukes mit seinem eigenen Arm ein, bewegt sich nach dieser Seite unter Uke hervor und zieht den Hebel durch eine Gewichtsverlagerung in Kopfrichtung an.

Kannuki-gatame-Gruppe

Kannuki-gatame   Riegelstreckhebel

Tori und Uke befinden sich einander gegenüber. Die klassische Ansatzmöglichkeit ergibt sich im Stand oder Kniestand, wenn Uke mit einem Arm tief in Toris Gürtel faßt oder zu fassen versucht.

Fig. 122/123

Tori umschlingt (an der Seite, wo Uke faßt) mit dem rechten Arm Ukes linken Arm von außen, so daß seine Elle unter Ukes Ellenbogen oder kurz oberhalb davon liegt. Mit der linken Hand umfaßt Tori Ukes Oberarm oder legt die Hand auf Ukes Schulter. Tori verriegelt seine hebelnden Arme (so wie früher alte Stadttore verriegelt wurden), indem er mit der rechten Hand seinen eigenen linken Unterarm nahe am Ellenbogengelenk umfaßt. Drückt Tori nun seine linke an Ukes Oberarm oder Schulter befindliche Hand nach unten und hebt er dabei seine rechte Elle an, wird der Hebel wirksam (Fig. 122).

In gleicher Weise kann Tori auch Kannuki-gatame ansetzen, wenn Uke sich zwischen seinen Beinen in der Schere befindet und der Gegner ihn mit einem unvorsichtigerweise ziemlich gestreckten Arm, z.B. am Hals angreift.

Eine andere Möglichkeit ergibt sich, wenn Tori im Reitsitz auf dem Gegner sitzt, wobei es oft zweckmäßig ist, nicht Ukes Oberarm zu fassen, sondern die Hand auf Ukes Schulter zu drücken (Fig. 123).

Gyaku-kannuki-gatame   umgekehrter Riegelstreckhebel

Dieser Hebel stellt im Stand den bekannten Ju-jutsu-Transportgriff dar. Tori befindet sich an Ukes linker Seite. Uke und Tori blicken in die gleiche Richtung. Tori umschlingt mit seinem rechten Arm Ukes linken Arm, so daß seine Elle unter Ukes Ellenbogengelenk oder kurz oberhalb davon liegt und die Schultern der Gegner sich berühren. Mit der linken Hand faßt Tori Ukes Unterarm dicht am Handgelenk, so daß Ukes Handfläche nach oben zeigt. Toris rechte Hand umfaßt den linken Unterarm oder den Stoff der Jacke an dieser Stelle. Drückt Tori nun Ukes linken Unterarm nach unten, entsteht der Hebeleffekt.

Fig. 124

Im Bodenkampf ist die Anwendung dieses Hebels z.B. möglich, wenn Uke und Tori auf dem Bauch liegen (Fig. 124).

Mune-kannuki-gatame

Uke liegt auf dem Rücken. Tori bemüht sich, den Gegner mit Mune-gatame festzuhalten oder in diesen Griff zu bekommen.

Fig. 125

Bei seinen Verteidigungsbemühungen hält Uke den vor Toris Kopf befindlichen Arm (und sei es nur für einen Moment) ganz oder nahezu gestreckt, so daß Tori Gyaku-kannuki-gatame ansetzen kann (Fig. 125).

Kami-shiho-kannuki-gatame

Uke liegt auf dem Rücken. Tori befindet sich in der Kami-shiho-gatame-Position. Tori hat Uke entweder noch nicht im Haltegriff fixiert oder Uke ist im Begriff zu entkommen - jedenfalls hat Uke einen Arm (unvorsichtigerweise) weitgehend gestreckt gehalten und Tori so einen Kannuki-gatame-Ansatz (Fig. 126) ermöglicht oder Tori in dieser Position eine Chance gegeben, ihn mit Gyaku-kannuki-gatame (Fig. 127) zu besiegen.

Fig. 126/127

Ryo-kannuki-gatame   **Doppelter Riegelstreckhebel**

Uke liegt auf dem Rücken. Tori befindet sich im Reitsitz über ihm. Faßt Uke mit beiden Händen z.B. nach Toris Hals, kann Tori manchmal mit beiden Armen Ukes Arme umschlingen, so daß seine beiden Speichen unter Ukes Ellenbogen oder kurz oberhalb davon liegen. Ukes Handgelenke werden unter Toris Achseln festgeklemmt. Um den Hebel anzuziehen, kann man mehrere Methoden unterscheiden:

1) Tori faßt mit beiden Händen (Daumen innen) in Ukes Revers. Tori dreht die Hände und bewegt seine beiden Unterarme aufeinander zu, d.h. er drückt die Ellenbogen zum eigenen Körper (Fig. 128).

111

Fig. 128

2) Tori lehnt sich nach vorn, faßt (Daumen außen) möglichst hoch in die eigenen Revers und lehnt sich zurück. Selbst wenn Uke dabei hochkommt, entsteht an Ukes beiden Armen der Hebeleffekt.

Ryo-kannuki-gatame kann Tori auch ausführen, wenn er auf dem Rücken liegt und Uke sich in der Schere befindet.

Kuzure-kannuki-gatame

Bei der Ausführung des Kannuki-gatame und des Gyaku-kannuki-gatame kann es in manchen Situationen zweckmäßig sein, die Arme nicht herkömmlich zu verriegeln, sondern mit der Hand (des Arms, der sich unter Ukes Ellenbogen befindet) das Revers an der anderen eigenen Körperseite zu erfassen und den Hebel so zu vollenden (Fig. 129/130).

Ude-garami-Gruppe

Nami-ude-garami   Armbeugehebel

Ude-garami, d.h. Armbeugehebeltechniken werden zwar am Ellen-
bogengelenk angesetzt, wirken aber hauptsächlich im Schulter-
gelenk. Der Schmerz bzw. die Verletzung entstehen beim
Verdrehen des Oberarms im Schultergelenk, wenn Tori am
Unterarm "kurbelt". Wer es nicht glaubt, kann in der
Hähnchen-Braterei die Probe aufs Exempel machen.

 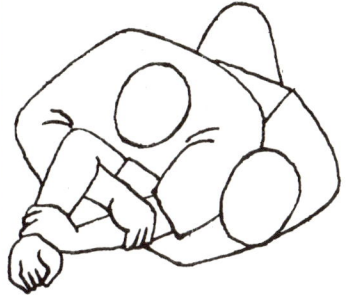

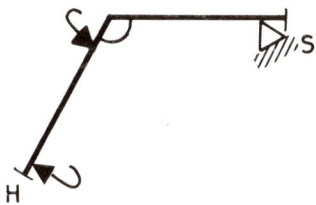

Uke liegt auf dem Rücken, Tori befindet sich im Reitsitz auf
dem Gegner. Wie bei anderen Hebel- und Würgegriffen ist auch
bei der Ausführung des Ude-garami darauf zu achten, daß Tori
sicher auf dem Gegner sitzt oder liegt und diesen in seiner
Bewegungsfreiheit behindert, so daß Uke sich nicht durch
einfache Körperdrehung aus dem Griff befreien kann.

Tori hat eine gute Chance zur Anwendung dieser Technik, wenn Uke z.B. seinen linken Arm (und sei es nur für einen Augenblick) im Ellenbogengelenk gebeugt hält.

Tori erfaßt mit der linken Hand Ukes Unterarm dicht am Handgelenk von oben. Sofort anschließend schiebt Tori den rechten Unterarm unter Ukes linkem Ellenbogen hindurch und erfaßt mit der rechten Hand den eigenen linken Unterarm von oben. Durch Anheben von Toris rechtem Ellenbogen und gleichzeitiges Herunterdrücken der linken Hand wird der Griff wirksam (Fig. 131). Es ist zu beachten, daß Ukes Handrücken nicht auf die Matte gedrückt wird, da sonst ein regelwidriger Handhebel entsteht.

Fig. 132/133

In gleicher Weise kann Tori auch aus verschiedenen anderen Kampfsituationen Ude-garami ansetzen:

Zum Beispiel im Liegen aus der Yoko-shiho-gatame-Position (Fig. 132) oder aus kniender Position wie bei Kata-gatame (Fig. 133).

Gyaku-ude-garami   umgekehrter Armbeugehebel
(= Ude-garami-henkawaza)

Bei dieser Abart des Ude-garami wird Ukes Arm umgekehrt, d.h. hinter Ukes Rücken "gebeugt".

114

Uke kniet z.B. in der Bank und stützt sich mit den Händen auf der Matte ab. Tori befindet sich vor oder neben Uke. Toris linke Hand erfaßt Ukes rechtes Handgelenk und schiebt den Arm des Gegners hinter Ukes Rücken. Gleichzeitig faßt Toris rechte Hand Ukes rechte Schulter.

Fig. 134

Schiebt Tori nun mit der linken Hand Ukes rechtes Handgelenk weiter in Richtung von Ukes Genick, wird der Beugehebel wirksam. In gleicher Weise gelingt es auch manchmal im Stand bei einem vorgebeugt kämpfenden Gegner zu hebeln (Fig. 134). Eine andere im Kampf verblüffende und recht wirksame Möglichkeit für Gyaku-ude-garami ergibt sich, wenn Tori auf dem Rücken liegt und Uke zwischen seinen Beinen in der Schere kniet. Stützt Uke sich dabei mit der linken Hand auf der Matte ab oder versucht Uke mit dieser Hand nach Toris hinter ihm befindlichen Fuß zu fassen, ergreift Tori mit der rechten Hand Ukes linkes Handgelenk und schiebt den Unterarm des Gegners schnell und entschlossen nach hinten in Richtung von Ukes Rücken (Fig. 135). Tori faßt nun mit der linken Hand über Ukes rechte Schulter hinweg, Ukes linkes Handgelenk (Fig. 136) und zieht den Unterarm hinter dem Rücken des Gegners an

115

Fig. 135-137

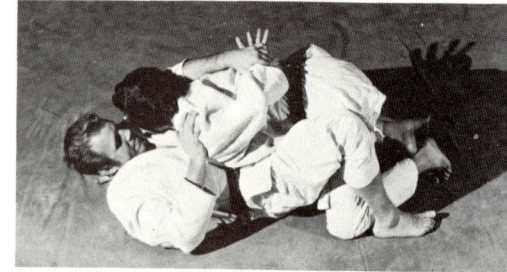

sich heran. Toris frei werdende rechte Hand blockiert Ukes linke Schulter und verhindert so, daß der Gegner durch "Vorwärtskrabbeln" entweichen kann (Fig. 137).

Ashi-garami

Ashi-garami gilt als Sammelname für Beugehebel, die Tori mit Hilfe eines oder beider Beine ausführt. Speziell versteht man darunter folgende Technik: Uke liegt auf dem Bauch. Tori befindet sich an Ukes rechter Seite und blickt in die gleiche Richtung. Es ist ihm gelungen, Ukes rechten Arm nach außen zu ziehen und seinen linken Unterschenkel bis zur Kniekehle

Fig. 138

über Ukes Oberarm zu schieben. Uke hat seinen Arm gebeugt, so daß sich Ukes Unterarm auf Toris linkem Oberschenkel befindet (Fig. 138).

Lehnt Tori sich jetzt nach vorn und hebt er dabei sein Gesäß an, wird der Hebel wirksam.

Kesa-garami   Schärpenbeugehebel

Dieser Armschlüssel wird im Kampf häufiger angewendet. Tori hält den Gegner mit Kesa-gatame oder Kuzure-gesa-gatame. Ist es Uke dabei gelungen, seinen rechten (ursprünglich unter Toris Achsel befindlichen) Unterarm zu befreien, erfaßt Tori mit der linken Hand Ukes Handgelenk an der Innenseite und drückt Ukes Arm (Ukes Handrücken zeigt nach unten) in Richtung Matte. Ein erfahrener Gegner wird dabei die Gefahr eines

Fig. 139

117

Ashi-gatame erkennen und seinen Arm beugen, um Tori den Ansatz eines Streckhebels unmöglich zu machen. Häufig ist Ukes Arm nach der Befreiung, ohne daß Tori eingreift, bereits stark gebeugt und Ukes Handgelenk befindet sich in der Nähe von Toris Wade. Diese Situation nutzt Tori, indem er Ukes Handgelenk (Ukes Handrücken zeigt immer noch nach unten) unter seinen rechten in Kesa-gatame-Position befindlichen Unterschenkel schiebt. Durch Anheben von Toris rechtem Oberschenkel - Tori lehnt sich dabei nach vorne - wird der Beugehebel wirksam (Fig. 139).

Gyaku-gesa-garami

Uke liegt auf dem Rücken. Tori hält den Gegner mit Gyaku-gesa-gatame. Uke hat seinen rechten (ursprünglich unter Toris Achsel befindlichen) Arm befreit oder Tori ist es noch nicht gelungen, Ukes Arm unter der Achsel festzuklemmen. In

Fig. 140

dieser Situation gelingt es häufiger, Ukes rechtes Handgelenk unter Toris linke Wade zu schieben und den Gyaku-gesa-garami (wie bei Kesa-garami beschrieben) anzuziehen (Fig. 140).

118

Waki-garami

Uke liegt auf dem Bauch. Tori befindet sich an Ukes linker Seite und blickt in die gleiche Richtung wie der Gegner. Tori hat Ukes linken Arm hervorziehen und mit einer Körperdrehung unter seine rechte Achsel klemmen können, so daß sich Toris rechter Oberarm über Ukes linkem Oberarm - wie bei Waki-gatame - befindet.

Fig. 141

Uke versucht dem Waki-gatame-Ansatz zu entgehen, indem er seinen Arm beugt. Tori faßt mit der linken Hand Ukes linkes Handgelenk und schiebt dieses nach oben, so daß der Beugehebel wirksam wird (Fig. 141). Waki-gatame und Waki-garami, zwei sich ergänzende Alternativen, werden in der gleichen Kampfsituation angewandt.

Gyaku-waki-garami

Uke liegt auf dem Bauch. Tori befindet sich in Gyaku-gesa-gatame-Position an Ukes linker Seite. Tori hat seinen linken Unter- oder Oberarm bzw. die Achsel über Ukes linke Schulter oder dessen Oberarm gebracht.

Uke winkelt seinen Arm im Ellenbogengelenk an, um einem Gyaku-waki-gatame-Ansatz zu entgehen. In dieser Situation zieht Tori mit der rechten Hand Ukes linkes Handgelenk zum eigenen

119

Fig. 142

Körper und nach oben, wodurch der Beugehebel wirksam wird
(Fig. 142).

Hara-garami

Unter dieser Technik versteht man einen Beugehebel, der vor
Toris Bauch angezogen wird. Häufig entsteht dieser Griff
dadurch, daß Uke einem Hara-gatame-Ansatz dadurch zu
entgehen versucht, daß er seinen Arm im Ellenbogengelenk
beugt.

Fig. 143

Im Kampf ist z.B. die folgende Ansatzmöglichkeit günstig: Uke
liegt auf dem Rücken. Tori hält mit Gyaku-gesa-gatame.

Droht Uke zu entkommen, kann Tori unter Umständen seinen linken Unterschenkel an Ukes rechter Oberschenkelinnenseite verhaken. Tori preßt gleichzeitig seine rechte Speiche unter Ukes rechten Ellenbogen und schiebt den Arm des Gegners nach oben. Lehnt sich Tori jetzt - verbunden mit einer Körperdrehung - zurück, wird der Beugehebel durch Vorschieben des Bauches wirksam (Fig. 143).

Verteidigung gegen Kansetsu-waza

Hebeltechniken dienen (theoretisch!) dazu, ein Gelenk zu verrenken. Bei der Verteidigung dagegen muß man daher besonders vorsichtig sein und darf sich nicht darauf beschränken, Ansätze des Gegners "aushalten" zu wollen. Jedem sei nachdrücklich empfohlen, **rechtzeitig** abzuklopfen, im Zweifelsfall lieber zu früh als zu spät.

Zur Verteidigung gegen Hebeltechniken (das sollte sich jeder Anfänger und manch ehrgeiziger Wettkämpfer einprägen) gibt es nur eine sinnvolle Möglichkeit: **Man muß den Ansatz vermeiden.**

Ein wichtiger Grundsatz für den Bodenkampf lautet daher: Man soll die Ellenbogen stets in der Nähe des eigenen Körpers, meist an der Hüfte halten und dem Gegner die Arme auf keinen Fall in gestrecktem Zustand präsentieren. Statt mit den Unterarmen herumzufuchteln, sollte man diese nach Möglichkeit in Kontakt mit dem eigenen Körper, dem Körper des Gegners oder der Matte halten.

Wegen drohender Beugehebelgefahr ist es in bestimmten Situationen (z.B. auf dem Rücken liegend) unzweckmäßig, den Gegner durch einen angewinkelten, angehobenen Unterarm in Versuchung zu führen. Hat der Gegner einen Beugehebel bereits ansetzen können, muß man noch im Moment des Ansatzes versuchen, ihm den Arm wieder zu entziehen oder den Arm durch Fassen der eigenen oder der Jacke des Gegners sichern. Wichtigstes Erfordernis zur Abwehr von Hebeln ist durch ausdauerndes Bodenrandori erworbene Kampferfahrung. Man muß die Möglichkeiten des Gegners zum Ansatz von Hebeltechniken genau kennen und frühzeitig solche Situationen vermeiden bzw. dem ansetzenden Gegner den gefährdeten Arm rechtzeitig entziehen.